AF449907

Editorial NUN

La dignidad de la persona
en la obra de Elio Sgreccia

Instituto de Ciencias de la Vida
Universidad Católica de Valencia
San Vicente Mártir

Editorial
NUN

Ficha bibliográfica

Pérez Bermejo, Marcelino
La dignidad de la persona en la obra de Elio Sgreccia
1a. ed., 2023
ISBN impreso: 978-607-9706-56-2
Impreso en la Ciudad de México

Formato: 15 x 21 cm

240 pp.

Editorial NUN
es una marca de Editorial Notas Universitarias, S.A. de C.V.

Xocotla 17, Talpan Centro, alcaldía de Tlalpan, CP 14000, Ciudad de México

www.editorialnun.com.mx

Dirección editorial y diseño de portada: Miryam Meza Robles
Cuidado de la edición: Felipe G. Sierra Beamonte
Traducción entrevista Italiano/español: Ramón Ayala Vieyra
Formación digital: Alejandro Ramírez Monroy

Impreso en México

La dignidad de la persona
en la obra de Elio Sgreccia

Marcelino Pérez Bermejo

DIGNITAS
HUMANA

Índice

Agradecimientos

A Su Eminencia Reverendísima, cardenal Elio Sgreccia,
por el inmenso legado que ha dejado a la humanidad con su obra.

A mis amigos Ginés Marco y Justo Aznar,
por su infinita paciencia y toda la ayuda que me han brindado.

A mis compañeros de la Facultad de Enfermería.
Todos los días son un ejemplo para mí.

A mi madre, por darme la vida.

A mi padre, *in memoriam*.

A Mayte, mi esposa, amiga y consejera, por su paciencia conmigo.

A mis hijos, que han soportado estoicamente mis ausencias
debidas a la elaboración de este trabajo no sin hacer
bromas acerca de prenderle fuego…

"En el hombre, creado a imagen y semejanza de Dios se refleja en toda fase de su existencia, el rostro del Hijo Unigénito. Este amor infinito y casi incomprensible de Dios hacia el hombre revela hasta qué punto la persona humana es digna de ser amada en sí misma, independientemente de cualquier otra consideración, inteligencia, belleza, salud, juventud, integridad, etc. En definitiva, la vida humana es siempre un bien, porque ésta es signo de su presencia y de su gloria en el mundo".

Instrucción Dignitas Personae, n. 8[1]

[1] Congregación para la Doctrina de la fe (20 de junio de 2008), Instrucción *Dignitas personae* sobre algunas cuestiones de bioética, 8: AAS 100 (2008).

Prólogo

El propósito de esta obra es presentar el pensamiento de Elio Sgreccia acerca de la dignidad de la persona, con sus aportes filosóficos en textos y las nuevas concepciones de la bioética personalista de Elio Sgreccia, pues en él se indican los motivos que han inducido a escribir la obra, relacionados con temas candentes como la donación de órganos, células madre, objeción de conciencia y estado vegetativo permanente. Es decir, sus importantes visiones en torno a la biomedicina y la ética, aunque bien es cierto que nunca ha sido intención de dicho autor elaborar una noción de persona propia. Sgreccia no ha hecho sino valerse de la clásica noción de persona elaborada por Boecio y confirmada y precisada por Tomás de Aquino: "Substancia individual de naturaleza racional", o bien, el subsistente distinto en la naturaleza racional.[1] La aportación personal a esta investigación viene caracterizada por la pretensión de poner en diálogo la contribución de dicho autor con las corrientes actuales de la bioética. Estamos convencidos que poniendo en interrelación la obra de Elio Sgreccia con las corrientes dominantes se puede generar una transferencia de conocimientos, de la que está muy necesitada la sociedad de nuestro tiempo.

---

[1] M. Caponnetto (2012). "A propósito de: bioética y persona. Escuela de Elio Sgreccia. Homenaje a SER Mons. Elio Sgreccia en sus 80 años de vida", en *Revista In Itinere* 2-2(1), pp. 100-101.

Para ello realizaremos una revisión de literatura que constituye el fundamento para la construcción del panorama de Elio Sgreccia y la bioética personalista. La información recibida fue analizada, por cuanto pudimos realizar una mirada de todos y cada uno de los autores, que desde nuestro análisis, constituyen los antecedentes filosóficos de la dignidad humana en la bioética personalista de Elio Sgreccia.

Como consecuencia de la utilización de este método, la presente obra queda conformada en tres bloques, interconectados entre ellos. El primero, que abarca los dos capítulos iniciales, nos presenta de forma global el planteamiento general sobre la dignidad de la persona y la bioética. El segundo bloque, capítulos III al V, nos aportará todo lo referente al pensamiento de Elio Sgrecia: su origen, el porqué, sus tesis junto con su justificación filosófica. Siendo el siguiente paso lógico la presentación de las conclusiones, en el tercer bloque, capítulo VI.

En una época de profunda secularización, el hecho de pertenecer a la Iglesia católica y de que Su Eminencia el cardenal Elio Sgreccia ostente y haya ostentado responsabilidades muy significativas dentro de ella, ha favorecido una tendencia a marginar su pensamiento. Por ello consideramos que supone un deber de justicia profundizar en su figura y en el legado de su obra.

1. Introduccion

Cuando comencé a estudiar el máster universitario en bioética en el año 2007, descubrí un mundo bastante desconocido para mí hasta entonces. Mi formación previa como militar de carrera y como ingeniero en Telecomunicaciones, me había llevado a profundizar en temas relacionados con mi especialidad. Con el estudio de dicho máster, pude ir comprobando que durante el siglo xx y estos primeros años del siglo xxi se han conseguido una serie de avances científicos-técnicos, inicialmente concebidos para facilitar la existencia humana, que nos han convertido en meros objetos, en cosas que se pueden manipular, experimentar y comercializar, todo ello como consecuencia de una ética relativista y utilitarista que convierte al ser humano en un medio y no en un fin. En estos momentos, incluso se plantea la cuestión de redefinir al ser humano, al poseer ya una serie de conocimientos que en lo posible son capaces de recrearnos. Pero a nadie se le puede tratar como un medio o un instrumento. No se puede permitir que la utilidad inmediata sea la compañera de viaje de estos logros que ha conseguido el conocimiento humano. Es necesario que todas estas acciones estén presididas por una ética con principios.

Desde estos momentos, mi trayectoria profesional como profesor de la Facultad de Enfermería de la Universidad Católica de Valencia "San Vicente Mártir", y como miembro del Comité de Bioética del Hospital Universitario "La Ribera" me ha llevado a empatizar con las personas que pueden estar expuestas a cualquier atentado contra su dignidad.

En este marco, justifico la pertinencia de profundizar en una temática de investigación que tiene un profundo interés en el estudio del eclipse del hombre, en la crisis de identidad cuando su dignidad se ve amenazada ya desde los primeros estadíos de su vida.

Desde los comienzos de mi investigación, no me he quedado en el plano sensible en lo que a mí, como persona, me puede afectar la impronta de la bioética en las más diversas esferas (política, moral, social…). No me he quedado tampoco en el plano de la mera solidaridad. He querido profundizar en lo que está en el trasfondo de una investigación bioética que raras veces se explicita por la literatura científica como es el concepto de dignidad humana,[1] ciertamente influenciado por la contribución crítica de Elio Sgreccia,[2] aun a pesar de no ser un autor que haya merecido un especial reconocimiento por parte de algunos sectores de la bioética.[3]

A Elio Sgreccia corresponde el mérito de ser considerado el "fundador" de la bioética personalista, abandera dicha corriente ética, gracias a los senderos caminados con el apoyo de Juan Pablo II, y

---

[1]   Cf. Por ejemplo, Jürgen Habermas (2010). "El concepto de dignidad humana y la utopía realista de los derechos humanos", en *Diánoia*, LV(64), pp. 3-25. "Hoy en día esto puede verse, por ejemplo, en la regulación de aspectos éticos controvertidos como el suicidio asistido, el aborto y la manipulación genética. Es indudable también que, en virtud de esa necesidad de interpretación, los conceptos legales universales facilitan la negociación de acuerdos. Así, apelar al concepto de dignidad humana sin duda posibilitó que se llegara a un consenso traslapado, por ejemplo, en la fundación de las Naciones Unidas. Por la misma razón se invoca este concepto para negociar tratados de derechos humanos en convenciones legales internacionales y para dirimir disputas legales internacionales entre partes de culturas diferentes: 'Todo el mundo podía estar de acuerdo en que la dignidad humana era algo central, pero no por qué ni cómo'".

[2]   Quien ha desarrollado una brillante trayectoria intelectual y ha ocupado cargos tan relevantes como vicepresidente y luego presidente de la "Academia Pontificia para la Vida" en el año 2005.

[3]   Cf. Por ejemplo, el Observatorio de Bioética y Derecho de la Universidad de Barcelona. Elio Sgreccia no aparece citado en ninguno de los artículos o libros publicados por el citado observatorio o su Cátedra UNESCO. Tampoco aparece en la lista de autores de su revista de *Bioética y Derecho*.

la institución a la que pertenece, la Iglesia católica. La bioética personalista tiene su fundamento en el respeto por la persona y por su dignidad, tal como lo expresa la "norma personalista de la acción": *Persona est afirmanda propter seipsam et propter dignitatem suam*. Tenemos el deber moral de respetar a la persona por su condición en sí misma y por la dignidad que le viene dada por su "estructura ontológica", tal como lo predicaba Karol Wojtyla. La persona posee un valor en sí misma que denominamos "dignidad"; por tanto, el llamado supremo en todo ser racional, en cada una de sus acciones, dinamizadas por el libre albedrío, es respetar ese paradigmático valor ontológico.

Fue Wojtyla, quien propuso el "principio personalista",[4] y para quien la conciencia es el puente entre el modo metafísico del ser persona y la experiencia del modo de lo personal. La conciencia es irreductible a la mera función de las facultades de la voluntad y el intelecto, y juega "un papel clave y constitutivo en la formación de la subjetividad personal humana", siendo Sgreccia quien incorporó el énfasis cognitivo del concepto de la dignidad como fundamento de los derechos de la persona,[5] y sus consecuencias en los diferentes escenarios aplicados en el campo de la bioética. Ambos autores pueden ser considerados los guardianes teórico-prácticos del concepto dignidad como fundamento de la persona, para los tiempos modernos en que la noción de persona y ser humano se halla envuelta en nubes filosóficas de confusión en razón a los avances de nuevas tecnologías, en especial de la genética. No obstante, la fe cristiana no es excluyente a los avances científico-técnicos. En páginas posteriores, dedicaremos un capítulo a analizar la influencia de Karol Wojtyla en Elio Sgreccia.

---

[4]   K. Wojtyla (1998). *El hombre y su destino, Ensayos de antropología*. Madrid: Palabra; K. Wojtyla (1997). *Mi visión del hombre. Hacia una nueva ética*. 2ª ed. Madrid: Palabra, y K. Wojtyla (1982). *Persona y acción*. 12ª ed. Madrid: BAC.

[5]   Cfr. E. Sgreccia (2009a). *Manual de bioética*. I Fundamentos y ética biomédica. Madrid: BAC.

Ya se tome la concepción de dignidad humana desde el punto de vista de la teoría o de la práctica, no se puede negar que se trata de una cualidad intrínseca de los seres humanos, pero al mismo tiempo es un concepto tan multívoco, que puede ser abordado desde una gran variedad de perspectivas y se encuentra inmerso en todos los ámbitos de la vida humana. Por esta misma razón, es preciso aclarar que con el fin de lograr una mejor comprensión del concepto de dignidad humana, su importancia y sus implicaciones, en la presente investigación se abordará el concepto de dignidad humana desde una perspectiva bioética.

La importancia del concepto de dignidad humana radica en su concepción como un fundamento de la estructura básica de toda sociedad. A pesar de la necesidad que se tiene al considerar la existencia de tal dignidad, nos encontramos por un lado, con los que piensan que no se debe hablar más de dignidad humana o de derechos ya que éstos son violados permanentemente; por otra parte, quienes partiendo de una perspectiva naturalista, señalan que efectivamente existe la dignidad, pero que debería ampliarse hasta los animales, o a toda forma de vida, y un tercer grupo que sostiene que la dignidad no debe ser asumida como parte inherente del ser humano, sino más bien algo que se gana y se pierde, un objetivo final del ser. Por tales motivos, existe gran necesidad de reformar esta realidad, y concebir a la dignidad humana como la única manera de constituir un buen ser humano, y profundizar sus raíces ontológicas, como lo plantea Elio Sgreccia cuando discute "si es persona un hombre que ha perdido sus facultades":

> Esta concepción [el personalismo ontológico] reconoce la dignidad de la persona humana en cualquier fase del desarrollo del ser humano, desde la concepción a la muerte natural, en cualquier hombre y en cualquier estado de salud, más allá de las diferencias sociales y éticas o distinción de sexo o de religión.[6]

---

[6] E. Sgreccia (2010). "Por qué una bioética personalista y con cuál personalismo". *Revista de Bioética* (1), p. 23.

Por esta razón bajo las ciencias de la vida, a la luz del ciudadano, se pretende aprender, definir y poner en práctica la dignidad de la persona, partiendo de la dignidad propia y del respeto. La dignidad forma parte del ser humano y su existencia, a pesar de que su noción varía dentro de cada grupo social y, de una u otra manera, se determina con el paso del tiempo, y es tan individual como ajustada a cada ser humano, con todo lo que él es y con todo lo que el ser humano implica.

Esta dignidad debe ser descubierta y reconocida principalmente en uno mismo, para luego, poder verla en los demás. Pero no es algo que se puede otorgar y no está en manos de nadie retirárselo u otorgarlo a ninguna persona, sino que viene dado, está en el interior del ser humano, de su naturaleza y de su voluntad.

En este escenario, emerge el personalismo, concebido como doctrina filosófica inherente a la obra de Elio Sgreccia. En efecto, con este autor nos encontramos con el principal representante de esta corriente filosófica. Desde su cátedra en la Universidad del Sacro Cuore de Milán, de gran raigambre bioética, ha formado a numerosos bioéticos personalistas.[7]

La obra de este autor es de vital importancia al momento de articular un concepto que trascienda las contingencias históricas. En este contexto, se analizará la dignidad tomando como base teórica la obra de Elio Sgreccia. Pero dada su extensión, acotaremos la presente investigación al periodo 1994-2008, coincidente con el desempeño de la responsabilidad de vicepresidente, en primer lugar y posteriormente presidente de la Academia Pontificia para la Vida. Una parte relevante de su obra es su *Manual de bioética*, que en la parte teórica del texto destaca, por un lado, el desarrollo desde la perspectiva personalista de dos conceptos fundamentales en bioética: la vida y la corporalidad y además en este texto propone una serie de "principios

---

[7]   Las instituciones que se adhieren a esta perspectiva se han unido en la FIBIP (Federación Internacional de Centros de Bioética de Inspiración Personalista) www.fibip.org

de bioética personalista" cuyo objetivo es superar los límites del principalismo de Beauchamp y Childress. Sgreccia no se opone totalmente a la postura principialista, pero se adhiere a las críticas que se han dirigido contra esta teoría, especialmente contra la falta de una antropología de referencia que haga posible fundamentar los principios, establecer un orden entre ellos y solucionar de esta forma los conflictos de deberes y los casos problemáticos. Su respuesta al problema reside en suministrar una nueva serie de principios que están sustentados por una antropología de referencia, lo que le habilitaría a sobrepasar esas dificultades. En capítulos posteriores nos referiremos a dichos principios.

La bioética como herramienta en la sociedad contemporánea occidental, reviste de gran importancia su labor, por cuanto ya no sólo están implicados los conocimientos médicos y de la ciencia como supremos orientadores de las prácticas médicas; sino que son los pacientes, sus familias y la sociedad, cada vez más, los que se implican en el control y verificación de técnicas que protejan la existencia humana, la vida de las personas y su dignidad.

En ella se forjan los valores relativos de la vida y la muerte, el valor de la vida de la persona en concreto y sus circunstancias. La dignidad intrínseca de una persona, es decir, el valor de su vida. Así, pues, en este trabajo, se encierra, parafraseando a Kant, la pregunta esencial de todo el pensamiento filosófico: ¿quién es el hombre?

2. Marco teórico y fuentes

2.1. Bioética y dignidad humana

Es de vital importancia ofrecer una explicación al sentido y razón de ser del tema objeto de investigación: "Elio Sgreccia y la dignidad humana". Justificar implica conceder un nivel de importancia que lleva implícito una aproximación a los antecedentes temáticos de Elio Sgreccia, como promotor cognitivo de las nociones de dignidad humana aplicada, personalismo, bioética personalista y sus implicaciones en la biomedicina; y del concepto *dignidad humana*, ya no sólo como noción filosófica de milenaria aparición, sino, como una de las columnas estructurales de la bioética.

Comenzaremos por la explicación vinculante entre la bioética y el concepto dignidad humana, que nos permite contextualizar el tema de estudio. Aunque en el contenido teórico de la investigación realizaremos un recorrido del concepto dignidad humana haciendo uso de los autores que han nutrido el pensamientro de Elio Sgreccia,[1] la importancia de la noción de dignidad humana alcanza su clímax en la postmodernidad, con el surgimiento de la bioética como

---

[1] En este sentido, estudiaremos la influencia en el pensamiento de nuestro autor de Tomás de Aquino, Mounier, Maritain y Karol Wojtyla. Es innegable que su pensamiento se nutre de otros muchos autores, pero nos hemos centrado en los mencionados por ser los que, a nuestro juicio más han influido.

disciplina que tiene la virtud de facilitar el diálogo entre las diferentes áreas del conocimiento, en especial la medicina, la biomedicina y las nuevas tecnologías, con la ética; esta última, como orientadora del bien común y en especial del bien del ser humano, dotado de una cualidad: dignidad, que lo eleva a niveles de creación a imagen y semejanza de Dios.

Su disertación filosófica avanza sobre un contenido básicamente humanista, cultural y ético, ligado por hilos poderosos como el amor y la solidaridad, por el hombre en concreto y por su dignidad, por el hecho de ser humano.

Del mismo modo, un recorrido por la explicación espiritual, trascendental del concepto dignidad humana desde la mirada de la ley natural hasta los textos bíblicos.

Y finalmente, para configurar la importancia temática, la razón de ser de Elio Sgreccia, con sus aportes en el tema central: dignidad humana en la bioética personalista.

2.1.1. La bioética: origen y manifestaciones

Para demostrar la importancia del concepto de "dignidad humana" es preciso aproximarse previamente al vocablo bioética, sus orígenes, sus fuentes, y cómo este neologismo fue acuñado por primera vez, sus manifestaciones y tendencias.

Para justificar la importancia temática, es necesario de igual modo, una comprensión del concepto corporeidad/sujeto y subjetividad como instancias que pueden ser vistas de forma holística o de forma reduccionista dependiendo de la tendencia de quien haga la lectura.

2.1.1.1. El vocablo "bioética"

El término "bioética" tiene un origen que se remonta a la Alemania de 1927 cuando Fritz Jahr lo utiliza por primera vez, apelando a la responsabilidad que compete a la humanidad por el conjunto de lo viviente. Van Renselaer Potter[2] acuña el vocablo en los inicios de la década de los años 70. El término también se aplicó a aquella parte de la ética cuyo objeto es el estudio de los problemas morales que surgen en la actividad médica, en las investigaciones biológicas y en las ciencias de la vida en general. Este mismo término (bioética) ha tenido una evolución de la cual Potter no estuvo ajeno y que por el contrario, fue desarrollando hasta el final de sus días. Distinguió tres etapas: la bioética clínica, la bioética global y la bioética profunda, todas relacionadas entre sí.

Potter con mentalidad futurista, buscó con la bioética construir un puente entre dos instancias del conocimiento, la de la ciencia y la de las humanidades, es decir, un puente entre la ética y la vida. Puede decirse que su objetivo fue crear un medio ambiente en que pudiera realizarse una armoniosa adaptación del ser humano con el medio ambiente. En consecuencia, afirmaba que el objetivo último de la nueva disciplina era "no sólo enriquecer las vidas humanas sino prolongar la supervivencia de la especie humana en una forma aceptable de sociedad".[3]

Agrega después: "La humanidad necesita urgentemente de una nueva sabiduría que le proporcione el "conocimiento de cómo usar el conocimiento" para la supervivencia del hombre y la mejora de la calidad de vida". Una razón altruista lo caracterizó toda su vida y se le conoció con una visión antropocéntrica —centrada en la supervivencia humana—. "La palabra 'puente' fue central en el nacimiento de la bioética, tanto en el legado de Potter como en el de Hellegers".[4]

---

[2]   V.R. Potter (1971). *Bioethics. Bridge to the future*. Englewood Cliffs: Prentice Hall.

[3]   *Ibidem.*

[4]   J. Gafo (1997). *10 palabras clave en bioética*. Estela: Verbo Divino.

Para Jahr[5] la bioética se apoya en los imperativos kantianos ofreciendo una mirada que hace del ser humano el eje de la salvaguarda de lo viviente, incluidos los animales y las plantas.[6]

En "Tierschutz und Ethik" ("La protección de los animales y la ética"),[7] Jahr señala la importancia del sentimiento ético, la empatía, la compasión y la ayuda hacia los animales y las plantas como parte de las obligaciones morales y sociales que los humanos se deben los unos a los otros.

La ética animal y la ética entre los seres humanos no están en conflicto; por el contrario, se complementan entre sí.[8] Mientras que el imperativo moral de Kant contempla sólo a los humanos y tiene un carácter formal, el imperativo de Jahr[9] abarca a todos los seres vivos y sus interacciones, revistiendo un carácter pragmático y flexible.

El famoso artículo de Jahr "Bio-Ethik. Eine Umschau über die ethischen Beziehungen des Menschen zu Tier und Pflanze" se publicó en la prestigiosa revista científica alemana, *Kosmos*.[10] En él, Jahr expone los últimos resultados de los estudios sobre las plantas y los animales y presenta la "bio-ética" como una nueva disciplina

---

[5] J.J. Michel y N.S. Lima (2009). "Fritz Jahr y el Zeitgeist de la bioética", en *Aesthetika* 5(1), pp. 4-11.

[6] Cfr. Lolas, F. (2008). "Bioethics and animal research. A personal perspective and a note on the contribution of Fritz Jahr", en *Biological Research* (41), pp. 119-123. H.M. Sass (2007). *Fritz Jahr's bioethischer Imperativ. 80 Jahre Bioethick in Deutschland von 1927 bis 2007*. Bochum: Zentrum für medizinische Ethik, Medizinethische Materialien Heft, p. 175. H.M. Sass (2008), "Fritz Jahr's 1927 Concept of Bioethics", en *Kennedy Institute of Ethics Journal*, 17(4), pp. 279-295.

[7] F. Jahr (1928). "Tierschutz und Ethik in ihren Beziehungen zueinander. Ethik. Sexual- und Gesellschaftsethik. Organ des", en *Ethikbundes* (6/7), pp. 100-102.

[8] Al aceptarse este planteamiento se rechaza el antropocentrismo defendido por la tradición occidental apoyado en una diferencia cualitiva entre humanos y animales. Con ello se realiza una nueva propuesta ética y ontológica que se caracteriza por la comunión entre el hombre y la naturaleza.

[9] Este imperativo sugiere considerar a cada ser vivo como un fin en sí mismo y tratarlo como tal en la medida de lo posible.

[10] F. Jahr (1927). "Bio-Ethik. Eine Umschau über die ethischen Beziehungen des Menschen zu Tier und Pflanze", en *Kosmos, Handweiser für Naturfreunde* 24(1), pp. 2-4.

académica. Dice que es una nueva actitud moral en correspondencia con el término "Bio-Psiquis" que el filósofo y psicólogo Rudolf Eisler había descrito como la nueva ciencia del alma presente en todas las formas de vida.

El origen del término y el concepto de bioética están íntimamente relacionados con el progreso que conocieron en el siglo XIX las ciencias de la vida, especialmente la fisiología y la psicología experimentales.

Reclamar por la responsabilidad sobre lo vivo, implica una puesta en valor de una categoría, en la medida en que la destrucción del orden natural reveló los efectos de una subjetividad degradada. Incluir como imperativo el cuidado de la vida —en su expresión biológica— puede ser interpretado como el recurso que aboga por hacer presente en el campo de la reflexión moral y ética el elemento que representa la evidencia vergonzosa que se expresa en dos sentidos: en el de la destrucción de todo lo natural y el de un cuerpo frágil y vulnerable.

Durante 50 años, y por razones históricas y culturales, estuvieron separados los orígenes del término. Sin embargo tienen en común, el prefijo "bio", tomado del griego, *bios*: vida.

2.1.1.2. Versatilidad de la bioética

La bioética desde su inicio logra su adopción casi inmediata por la disciplina de la medicina, con más entusiasmo por el término que comprensión de su contenido.

Por otro lado, el mundo de la filosofía diría que al mundo científico le faltaban muchos elementos, o no querían, por "su comodidad" comprender los problemas éticos que desde la bioética se empezaban a plantear.

De esta manera, en manos de la ciencia médica, muy pronto empezó a manejarse a la bioética como sinónimo de ética médica, expulsando de su contenido la parte que Potter siempre consideró como la más importante de su concepto, que era la responsabilidad del hombre hacia el resto de los seres vivos. Obviamente los enfermos son seres vivos y su atención por todo el personal de salud (médicos, enfermeras, estudiantes, técnicos, trabajadores sociales, funcionarios administrativos) debe estar regulada por una ética profesional. Pero ésta se ha de llamar "ética médica", y debemos distinguirla de la bioética.[11]

La ética médica se ocupa de la relación entre el paciente y los diferentes protagonistas que intervienen cotidianamente en el campo de la salud: el médico, las políticas de salud, las situaciones límite que se dan continuamente en la práctica hospitalaria, las políticas hospitalarias y demás factores que guardan relación con el paciente.[12]

Ética y bioética tienen en común un protagonista: el ser humano, bien sea desde una mirada antropocentrista o como parte de la cadena biológica de los seres vivos con los que comparte el mismo ADN; pero sobre todo, el derecho a la dignidad y respeto y la obligación de prodigarlos a todos los demás seres vivos.

El diccionario de la Real Academia Española define del término "bioética" por primera vez en la edición de 1992, así: "Disciplina científica que estudia los aspectos éticos de la medicina y de la biología en general, así como de las relaciones del hombre con los restantes seres vivos".[13]

Hoy día, ciencia y filosofía muestran cada vez más una intensa capacidad de diálogo, prodigada por la disciplina de la bioética, como instrumento interdisciplinar, con los principios reguladores del comportamiento humano hacia la biosfera, los cuales, deben derivarse tanto del conocimiento científico de la biología, como de los

---

[11] *Nexos* (2006). Ética y bioética [*Online*]. Disponible en http://www.nexos.com.mx/?p=11962 [consultado en marzo de 2014].

[12] J. Washburn (2008). "¿Es la bioética una nueva ética médica?", en *Revista filosófica* (10), Ediciones Universidad de Salamanca: Azafea, pp. 33-49.

[13] Real Academia Española (1992). *Diccionario de la lengua española* (21ª ed.). Madrid: Espasa-Calpe.

rumbos marcados por la filosofía, ambos siempre dirigidos al objetivo de garantizar la supervivencia y mejorar la calidad de la vida de los seres humanos y de los demás seres que comparten con nosotros este mismo lugar: la Tierra, Gaia, nuestro hogar.

La interrelación entre la ética y la vida confiere a la bioética el valor de constituir un puente[14] hacia la expresión unitaria de las ciencias y valida el nacimiento de la transdisciplinariedad. Por eso nace la pregunta sobre si la bioética constituye un nuevo tipo de saber.[15]

Su carácter global y local la emparentan de modo cercano con el "medio ambiente", y padece de las mismas dificultades operacionales que aquejan a este último, a la vez que conjuga, también como él, lo teórico y lo empírico, lo absoluto y lo contaminado con las diversas ciencias.

Este tipo de saber engloba los fenómenos de la vida, en su relación con sus componentes no orgánicos; luego, de hecho, se hace presente en toda la reflexión científica que transciende el carácter normativo. Su condición le permite contemplar las partes y el todo en un permanente diálogo racional e incluso intuitivo.[16]

2.1.1.3. Bioética y corporeidad: ser humano

La dimensión de la corporeidad es una de las dimensiones constitutivas del ser humano, figura entre los condicionamientos de la acción que lo afectan de manera más profunda. De forma más precisa, se trata del condicionamiento que afecta la existencia a través de sus fundamentos biológicos. Podemos calificarlos de "somáticos".

---

[14] "En sus últimos años Potter llamó a la bioética, ética global y ética sustentable, aunque desde sus comienzos la valoró como puente". Conferencia de José Acosta titulada "De Potter a Potter", Evento Cultura Política, Medio ambiente y bioética, convocado por la Sociedad Cubana de Investigaciones Filosóficas, del 25 al 26 de enero del 2002, y celebrado en la Universidad de La Habana.

[15] T. Fung (2003). La bioética: ¿un nuevo tipo de saber? [*Online*]. Disponible en http://www.nodo50.org/cubasigloXXI/pensamiento/fung5_310703.pdf. [Consultado en marzo de 2014].

[16] *Ibidem.*

La bioética tiene la virtud de dar luces normativas respecto del tema del cuerpo, la subjetividad, lo corpóreo y sus implicaciones con la noción ser humano. En la reflexión bioética y biojurídica, sobre la necesidad de reglamentar las nuevas biotecnologías se reconoce la necesidad de una reglamentación jurídica. Esta reglamentación jurídica tiene que fundarse sobre el pensamiento filosófico: ¿qué es el cuerpo? ¿Quién es el sujeto?

Aunque en general existe consenso sobre la importancia ética y jurídica de la subjetividad, no es igualmente unánime la manera de entenderla. Subjetividad puede ser un elemento de acuerdo en el ámbito bioético.[17]

La apelación a la dignidad del sujeto y a los derechos del sujeto, y la manera en que se entiende la subjetividad están estrechamente conectados entre sí; y finalmente, puede ser la manera de entender el cuerpo. Las nociones "sujeto", "cuerpo" y "subjetividad" engloban el concepto de ser humano, lo constituyen, le dan preferencia desde la racionalidad.[18]

La bioética con su visión integradora desde el bios, y con la ética puede plantear al ser humano como único y en su unicidad, sin miradas reduccionistas, sino holísticas. Desde luego que no podemos desconocer otras miradas hechas por especialistas en bioética, para quienes la subjetividad puede no estar en el sujeto/cuerpo del ser humano, y que incluso, la misma noción de ser humano es relativa respecto del estado de desarrollo biológico y de la capacidad intelectiva.

El cuerpo humano —según la concepción dualista de la persona— no es algo que el hombre es, sino algo que el hombre tiene: un mero instrumento del que el hombre ha de servirse para el logro de sus "valores personales". El cuerpo no tiene en sí mismo una verdad y un valor propio. No es el respeto a su pretendida dignidad como algo

---

¹⁷ L. Palazzani (2004). "Cuerpo y sujeto en bioética", en *Cuadernos de Bioética* (1), p. 18.

¹⁸ *Ibidem*, p. 18.

constitutivo de la persona, sino el criterio de utilidad y eficacia el que inspirará las decisiones que sobre él se tomen. Tal es el resultado al que conduce una consideración fisicista del cuerpo contrapuesta a una consideración espiritualista de la persona.[19]

Dentro del debate bioético existe "una tendencia hacia la desencarnación de la subjetividad, la subjetividad separada del cuerpo (reducido a objeto) que acaba identificándose con la funcionalidad".[20]

Por sujetos, cabe entender a los individuos que pueden ejercer funciones como la capacidad de tener intereses, racionalidad, voluntad, autonomía. En este sentido los sujetos pueden manifestarse en cuerpos humanos, pero pueden también manifestarse sin subjetividad, donde el cuerpo se reduce a material biológico que cumple premisas funcionales. Del mismo modo, el sujeto que posee el cuerpo/objeto, en consecuencia, dispone del cuerpo, puede hacer según su criterio, con él. Los márgenes de "sacro", de un subjetivo inmanente de trascendencia y divinidad se pierden en este universo; es más, nunca llegó a contemplarse en dicho debate, y, si se hizo, fue descalificado casi desde el principio por ser considerado un análisis metafísico.

La reducción del cuerpo a objeto, y del funcionalismo, reducción de la subjetividad a funcionalidad, abren un debate bioético para la perspectiva de ser humano. Este análisis será visto a profundidad más adelante en el desarrollo teórico de esta investigación. De igual modo, con Elio Sgreccia, analizaremos interrogantes de tipo antropológico entre ser humano y dignidad en temas que arduamente ha trabajado con la bioética personalista.

---

[19] M. Santos (1998). "La bioética y el Catecismo de la Iglesia católica", en *Cuadernos de Bioética*, 33(11), pp. 135-151.

[20] L. Palazzani (2004). *Op. cit.*, p. 20.

2.1.1.4. Origen del concepto "dignidad"

Desde sus orígenes, la filosofía se ha planteado el problema del hombre, esto es, el de intentar dar respuesta a la pregunta "¿qué es ser hombre?". Se ha pretendido buscar alguna propiedad que, al pertenecerle exclusivamente a él, pueda diferenciarlo de los demás seres.

Las respuestas a este problema se han concretado en múltiples aproximaciones, definiéndolo no sólo como animal social o racional, sino también como animal que hace o fabrica cosas, como el ser que conoce, que es capaz de hablar, capaz de manejar símbolos, dominador de la naturaleza mediante la técnica y la ciencia, etcétera.

Resulta una tarea compleja llegar a conocer lo que es verdaderamente el ser humano. En principio, por su carácter problemático, inclusive inexplicable y recóndito, pero además en virtud de su especificidad de existir siendo capaz de elegir o su posible unidad dual de mente-cuerpo.

La evolución biológica conduce al hombre a la vida social organizada por medio del lenguaje, es decir, da lugar a la cultura. Con esta última, el hombre se distancia de las demás especies, siendo, a la vez, la cultura parte integrante de su naturaleza, marcando su propia condición de vida en medio de sus semejantes y, a través de ellos, con el medio que le rodea.

El concepto "dignidad" nace en el siglo v a.C. en un contexto griego y romano. Posteriormente, el concepto es tomado por la visión judeo-cristiana y la argumentación racionalista kantiana. Contemporáneamente se perfila una reflexión distinta en el marco de la filosofía moral y de un pensamiento no antropocéntrico, perspectiva que estaría tomando distancia del imperativo del deber.

La filosofía griega, comenzó concibiendo al hombre como un ser racional, como un ser que posee *logos* (es decir razón y palabra). En este sentido se definía al hombre como un ser que posee la capacidad de pensar y decir lo que son todas las cosas que son, es decir, los entes. El hombre es un ser entre otros entes, que sin embargo debido a esa capacidad, adquiere cierta categoría, destacándose y diferenciándose de los demás.

Platón (428/7-347 a.C.) concebía al hombre como ciudadano de dos mundos, uno sensible, es decir capaz de ser percibido por medio de los sentidos del cuerpo, y otro inteligible, pasible de ser conocido por el elemento intelectual que en el hombre habita, la inteligencia. En tanto ser fundamentalmente racional el hombre está llamado a constituirse de manera definitiva como un habitante del segundo de los planos mencionados.

Aristóteles (384-322 a.C.), discípulo de Platón, concibe al hombre a diferencia de todos los animales como poseedor de razón o al menos de la capacidad para utilizarla. En un texto de la *Política* sostiene:

> Se admite que hay tres cosas por las que los hombres se hacen buenos y virtuosos, y esas tres cosas son la naturaleza, el hábito y la razón. Los otros animales viven primordialmente por acción de la naturaleza, si bien algunos, en un grado muy pequeño, son también llevados por los hábitos; el hombre, en cambio, vive también por acción de la razón, ya que es el único entre los animales que posee razón; de manera que en él estas tres cosas deben guardar armonía recíproca entre sí. Los hombres, en efecto, obran con frecuencia de manera contraria a los hábitos que han adquirido y a su naturaleza a causa de su razón, si están convencidos de que algún otro camino de acción les es preferible.[21]

Aristóteles diferencia entre tres tipos de alma: racional, sensitiva y vegetativa.[22] El alma racional es la de los hombres, dotados de

---

[21] Aristóteles. *Política*. Libro VII, 12, 1332b.

[22] Aristóteles distinguirá en su tratado *De Anima* (*Acerca del alma*, Gredos, Biblioteca Clásica Gredos, 1988) tres tipos de alma: la vegetativa, la sensitiva y la racional. El alma vegetativa ejerce las funciones de asimilación y de reproducción y es el tipo de alma propio de las plantas; el segundo tipo de alma, es el alma sensitiva, propia de los animales, controla la percepción sensible, el deseo y el movimiento local. A estos dos tipos de almas reduce el fisicismo el ser humano; el tercer tipo, superior a las dos anteriores, es el alma racional. Además de las funciones propias de las almas inferiores, el alma racional está capacitada para ejercer funciones intelectivas, es el tipo de alma propia

la facultad de pensar, razonar, hacer ciencia y filosofía. Si bien comparte con las otras entidades del cosmos el hecho de tener alma, la del hombre es jerárquicamente superior y por ende lo hace más digno de consideración.

En la antigua Roma preimperial, la dignidad es concebida como un valor de conquista individual. La *dignitas* romana era un logro personal que, brindaba derecho a un poder y, el deber a ser moralmente intachable. Así, la dignidad exigía una forma de vida que contenía disciplina, austeridad, moderación y serenidad, virtudes que no todos los ciudadanos alcanzaban porque no gozaban de la condición de libres.

La condición de esclavo era incompatible con la dignidad. La dignidad era un mérito que pertenecía a los hombres libres de la aristocracia romana.[23]

Marco Tulio Cicerón, político y filósofo romano (106-43 a.C.) fue el precursor de los primeros planteamientos de fundamentación de la dignidad humana, bajo el argumento de la vida digna, la cual debe apoyarse en el dominio de sí mismo, el abandono de toda liviandad y del actuar impulsivo.[24]

Así, cuando cada hombre se reconoce a sí mismo, ve algo divino, y de ahí su semejanza con los dioses y su dignidad.[25]

Cicerón afirma que si se quiere considerar la excelencia y la dignidad de la naturaleza humana, es honesto llevar una vida módica,

---

del hombre. Para Aristóteles, el alma es no sólo principio vital, sino, al igual que para Platón, principio de conocimiento. De hecho, Aristóteles definirá el hombre como animal racional.

[23] Los esclavos eran hombres, pero no personas: *servus non habet personan* (el esclavo no tiene persona). Por tanto, carecía de ancestros y de derechos, incluyendo el más elemental, el de la propiedad de la propia vida.

[24] Cfr. F. Copleston (1991). *Historia de la filosofía.* Tomo I. Barcelona: Ariel, p. 414. Advirtiendo lo peligroso del escepticismo para la moralidad, Cicerón habló de *notiones innatae, natura nobis insitae* (ideas innatas, nuestros recursos naturales instintivos) haciendo proceder nuestros conceptos morales de la naturaleza y afirmando que son confirmados por el consenso general (lo que él llamará: *consensus gentium*).

[25] A. Rodríguez y C. Benedictó (2002). "Notas sobre la evolución del concepto de dignidad", en *Ars medica,* 6(6), pp. 11-12.

temperante, austera y sobria, y por el contrario, es una torpeza desbocarse en la lujuria y el vivir voluptuosa y cómodamente. Además, añade que la naturaleza nos ha dotado de una "doble persona", una común a todos los hombres, porque todos somos partícipes de la razón y de la excelencia que nos sitúa por encima de los animales y la otra, atribuida como parte característica a cada uno que nos diferencia de los demás.[26]

Según Cicerón, lo racional no conlleva la condición de digno, y es el modo de vivir el que otorga en el ser humano su condición digna. De corte medieval es el carácter ontológico de la dignidad humana, la cual considera que el ser humano contiene una unicidad sustancial dada por Dios. Esta sustancia es individual y le confiere a cada ser humano la particularidad de ser único e irrepetible frente a otros seres humanos, y por lo tanto un ser digno.[27]

En este pensamiento teísta y ontológico se puede suscribir la perspectiva religiosa, de origen bíblico judeocristiano, la cual considera al ser humano creación divina hecho a su imagen y semejanza, por tanto, hijo de Dios, heredero de un alma inmortal y de un espíritu superior, lo que le otorga el dominio sobre todo ser viviente. A partir de este momento, se postula que la condición humana no puede ser igual a la de cualquier otro ser vivo, sino que es superior porque tiene dignidad de carácter divino y, por lo tanto, absoluto.

En esta misma visión racional, se erige una idea de dignidad desde el pensamiento filosófico de Immanuel Kant en el siglo XVIII. El ser humano, para Kant, posee una dignidad interior dada por la capacidad racional de la autonomía; en otras palabras, por la capacidad

---

[26] M.T. Cicerón (1989). *Sobre los deberes*. Madrid: Alianza, p. 250.

[27] La depuración progresiva y la universalización de la noción de persona debe mucho a los debates filosóficos y teológicos introducidos por el cristianismo, especialmente a las disputas desarrolladas en el Concilio de Nicea del año 325, con el resultado de la atribución a Cristo de una doble naturaleza (divina y humana), por un lado, y del reconocimiento, por otro, de su condición de persona en la que se unirían sus dos naturalezas.

de autodeterminarse.[28] Para Kant, el ser humano tiene el deber de salir de su "minoría de edad" y llegar a pensar por sí mismo, lo que implica tener el valor de servirse de la propia razón.[29]

El hombre es capaz de autogobernarse y por ello, debe tratar a los otros no sólo como medios sino siempre como fines en sí mismos. La autonomía, dice Kant, "es el fundamento de la dignidad de la naturaleza humana y de toda naturaleza racional".[30]

2.1.2. Persona desde la bioética

El término "persona", desde la tradición clásica, centra su razón de ser, en el ser inteligente con entendimiento racional. La palabra "dignidad" significa fundamental y primariamente "preeminencia", "excelencia".[31]

Según Ángel Rodríguez, "digno es aquello por lo que algo destaca entre otros seres, en razón del valor que le es propio. De aquí que hablar de la "dignidad de la persona" es una redundancia intencionada, para resaltar o subrayar la especial importancia de un cierto tipo de seres".[32]

---

[28]   Según afirma Kant, el hombre es un fin en sí mismo, no un medio para usos de otros individuos, lo que lo convertiría en una cosa, la persona es un valor absoluto (por ello son merecedoras de todo el respeto moral) mientras que la discriminación, la esclavitud, etcétera, son acciones moralmente incorrectas, porque atentan contra la dignidad de las personas. La dignidad significa para Kant –tal y como lo expresa en *Metafísica de las costumbres*– que la persona humana no tiene precio, sino dignidad: "Aquello –dice Kant– que constituye la condición para que algo sea un fin en sí mismo, eso no tiene meramente valor relativo o precio, sino un valor intrínseco, esto es, dignidad".

[29]   I. Kant (1994). *Filosofía de la historia*. Bogotá: Fondo de Cultura Económica, pp. 25-37.

[30]   I. Kant (1996). *Fundamentación a la metafísica de las costumbres*. Madrid: Espasa-Calpe, p. 203.

[31]   F.J. León (1992). "Dignidad humana, libertad y bioética", en *Cuadernos de Bioética* (12), pp. 5-22.

[32]   A. Rodríguez (2002). "La persona humana, algunas consideraciones", en *Revista Ars Medica*, Facultad de Medicina, Universidad Católica de Chile, 4(6), pp. 121-140.

Digno es aquello que debe ser tratado con "respeto", es decir, con especial cuidado, por su valor intrínseco. Hoy nadie se niega a reconocer que todo hombre es "persona", digna de respeto y reconocimiento.[33]

Las expresiones "dignidad humana", "dignidad personal", "derechos humanos", son de uso popular, pero en muchos casos sin la valoración correspondiente. En la práctica, se niegan los derechos y la igualdad de los no nacidos o nacidos con deficiencias, o enfermos que constituyen una pesada carga familiar y social.[34]

Con los avances de las últimas décadas de la investigación científica y médica como las técnicas de manipulación genética sobre embriones o la fecundación *in vitro*, por ejemplo, se puede caer en la tendencia a considerar al ser humano, al embrión, al feto, al paciente, como un "objeto", como un medio o instrumento con el pretexto del beneficio de la propia investigación científica, del progreso general de la humanidad o de la medicina, etc. Por ello, a la bioética le corresponde abanderar, el respeto a la dignidad de la persona humana y a sus bienes fundamentales, y el reconocimiento de todos y cada uno de los elementos que integran la realidad de la persona misma.

La persona no es mero espíritu, puro sujeto pensante, ni sólo cuerpo. Es una realidad unitaria corpóreo-espiritual. En este sentido interesa advertir que en amplios sectores del pensamiento antropológico contemporáneo se hace sentir la presencia de un dualismo antropológico, de inspiración cartesiana, según el cual el hombre es entendido como sujeto pensante que termina relegando la corporalidad humana al mundo de lo meramente biológico, carente de significación personal. Desde una posición dualista semejante, la realidad de la persona se recluye en el ámbito de la conciencia, que adquiere

---

[33] F.J. León (1992). *Op. cit.* Se trataría de un valor singular que se nos presenta como una llamada al respeto incondicionado y absoluto. Un respeto que debe extenderse a todos los que lo poseen: a todos los seres humanos.

[34] *Ibidem.*

así prioridad sobre el estatuto ontológico que al ser de la persona le corresponde.[35]

Es virtud de la bioética, poder analizar la noción persona/ser humano, desde una mirada trascendente y/o espiritual, y en especial desde la dogmática de la Iglesia católica. Según el Magisterio, el cuerpo del hombre participa de la dignidad de la "imagen de Dios": es cuerpo humano precisamente porque está animado por el alma espiritual y es toda la persona humana la que está destinada a ser, en el Cuerpo de Cristo, el Templo del Espíritu.[36]

Así, puede leerse en el Catecismo de la Iglesia católica:

> Uno en cuerpo y alma, el hombre por su misma condición corporal reúne en sí todos los elementos del mundo material, de tal modo que, por medio de él, éstos alcanzan su cima y elevan la voz para la libre alabanza del Creador. Por consiguiente, no es lícito al hombre despreciar la vida corporal, sino que por el contrario tiene que considerar su cuerpo bueno y digno de honra, ya que ha sido creado por Dios y que ha de resucitar en el último día.[37]

---

[35] M. Santos (1998). *Op. cit.* El dualismo cartesiano constituye un hito dentro de las doctrinas modernas sobre el cuerpo. Descartes distingue entre *res cogitnas y res extensa* con características absolutamente diferenciadas, hacen que puedan ser concebidas de manera independiente: podemos pensar el pensamiento sin pensar en el cuerpo, y viceversa. Separa de manera radical la mente de la materia y concede al conocimiento científico un fundamento absolutamente firme: el pensamiento puro y sus leyes. Este dualismo cumple aquí una función metodológica. Aunque reconoce la interacción entre ambas sustancias, esta no supone que el alma sea la causante de la vida y del movimiento del cuerpo, como defiende una larga tradición que se remonta a Grecia, sino que únicamente puede orientar esta energía. El movimiento del cuerpo es entendido como "máquina", depende exclusivamente del propio cuerpo, la diferencia que hay entre un cuerpo vivo y un cuerpo muerto es la misma que hay entre un reloj bien montado y un reloj roto.

[36] Cfr. 1 Cor. 6,19-20; 15,44-45.

[37] Catecismo de la Iglesia católica (1992). Madrid: Asociación de Editores del Catecismo núm. 364. El cuerpo es elemento esencial para el cumplimiento de la función sensitiva del alma y ha de considerarse parte de la naturaleza humana. La cristianización de las doctrinas griegas (por ejemplo para Platón el cuerpo era la tumba del alma), supuso una notable dignificación del cuerpo, que pasa a ser comprendido como una realidad creada por Dios y componente de la persona finita.

La unidad substancial del cuerpo y del alma del hombre ha sido particularmente defendida por la filosofía fenomenológica de Scheler, Husserl, Merleau-Ponty, Marcel, Karol Wojtyla y desde luego Elio Sgrecia. La corporalidad como una dimensión esencial del ser y del existir de la persona.[38]

Scheler afirma que "el nuevo principio que hace del hombre un hombre, es ajeno a todo lo que podemos llamar vida […] es un principio que se opone a toda vida en general […]. Esa palabra es espíritu".[39]

Un ser espiritual se distingue del animal, por su libre albedrío y su capacidad de apertura frente al mundo, de sorprenderse frente a lo nuevo o desconocido. El libre albedrío le brinda la posibilidad de dudar, abstenerse, elegir y maravillarse con sus propias decisiones o con lo que sucede en su entorno. El ser humano, ser espiritual es dueño de su conducta, es consciente.[40]

El animal está condicionado por su entorno, difícilmente capacitado para modificar su entorno. Lo que hace es sacar provecho de éste, pero como principio básico de supervivencia. Es un ser sensible, con capacidad de sentir, pero no tiene conciencia de sí mismo. No se pregunta sobre su hoy o mañana, sobre la muerte ni sobre la vida. El hombre con su espíritu se plantea su más allá, su vida después de la muerte.

Según Klinkert, la diferencia entre el animal y el hombre básicamente es la siguiente: "Para el animal, la conducta se encuentra

---

[38] M. Santos (1998). *Op. cit.*

[39] A. Cruz (1991). *Historia de la filosofía contemporánea.* 2ª ed. Madrid: EUNSA, pp. 56-57.

[40] Como indica Kant el libre albedrío es la capacidad de causar, a partir de uno mismo, una situación de hecho, es decir, la voluntad no se deja determinar por los instintos ni por las presiones sociales que sería la heteronomía, sino que es el origen de la autonomía moral (querer así y no de otro modo), esto no implica que no existan condicionamientos ante los cuales se deba posicionar. No tiene que entenderse en una perspectiva empírica, sino en una perspectiva trascendental que se manifiesta en el modo de obrar correspondiente. La libertad trascendental afirma que la voluntad debe abrirse, ya que, el contenido del querer no está sencillamente dado de antemano, sino que se encuentra en el acto primario de reconocimiento. Esto es de la libertad: se establece mediante la afirmación de la libertad del otro.

demarcada por los impulsos biológicos y los objetos con los cuales se relaciona en el entorno físico; por el contrario, la vida humana, aunque no escapa de estos condicionamientos, tiene la capacidad e independencia para trascender el mundo circundante".[41]

Según Danilo Cruz, en el hombre hay una característica netamente humana: la libertad: "En el hombre actúan los impulsos vitales como en el animal, pero él no es esclavo de ellos sino que, como persona, puede negarlos o frenarlos, reorientarlos en la dirección de instancias espirituales o ponerlos al servicio de éstos, como ocurre en la vida moral".[42]

Con la aparición del cristianismo se produjo una revolución histórica sin precedentes al sostener la igualdad de todos los hombres con su dignidad constitutiva basada en la encarnación de Cristo, Dios mismo hecho hombre, lo que le eleva a una dimensión inaudita. La dignidad humana —como valor supremo— y la fraternidad universal son las grandes afirmaciones del cristianismo sobre el hombre. Así, podemos leer en el Catecismo de la Iglesia católica:

> Por haber sido hecho a imagen y semejanza de Dios, el ser humano tiene la dignidad de persona: no es solamente algo, sino alguien. Es capaz de conocerse, reconocerse, de mirarse a sí mismo y saber qué es, darse libremente.[43]

> De todas las criaturas visibles sólo el hombre es "capaz de conocer y amar a su Creador" (Gen 12,3); es la "única criatura en la tierra a la que Dios ha amado por sí misma" (Gen 24,3): sólo él está llamado a participar, por el conocimiento y el amor, en la vida de Dios. Para este fin ha sido creado y ésta es la razón fundamental *de su dignidad*.[44]

---

41 G. Klinkert (1999). "Interpretación de la antropología integral en Max Scheler", en *Cuestiones Teológicas y filosóficas*. Medellín I(65), p. 170.

42 D. Cruz-Vélez (1986). *El hombre y la cultura*, *"De Hegel a Marcus"*, Bogotá: USTA, p. 140.

43 Catecismo de la Iglesia católica (1992), núm. 357.

44 Catecismo de la Iglesia católica (1992), núm. 356.

2.1.2.1. Opiniones y controversias actuales en torno a la dignidad humana/persona

Para abundar en consideraciones es nuestro deber citar algunos autores y sus opiniones sobre dignidad humana/persona en su calidad de bioeticistas. De igual modo, las tendencias. Esto permitirá explicar no sólo la importancia, sino la necesidad de profundizar sobre el tema objeto de investigación, con la propuesta de Elio Sgreccia, que a nuestro modo de ver contribuye a aclarar el variado horizonte temático.

Entre los años 2005 y 2007, se llevaron a cabo una serie de conferencias internacionales en Jerusalem, Rabat, Barcelona y Vadstena (Suecia), para estudiar el concepto de dignidad, por parte de numerosas personas versadas en diferentes ámbitos del saber.

Las conclusiones fueron analizadas por el francés Gilbert Hottois en su artículo "Dignidad humana y bioética. Un enfoque filosófico crítico",[45] inspirado a su vez en su libro *Dignidad y diversidad de los seres humanos*.[46] En el citado artículo, pone de manifiesto cómo desde el comienzo de las conferencias, "descubrimos de manera repetida que la evidencia histórica no autoriza una visión consensual y optimista en torno al concepto de dignidad humana, supuestamente compartido por las grandes tradiciones religiosas". Así, analizaron la irreductible polisemia de la noción de dignidad, que llega hasta acepciones diametralmente opuestas con lo que apareció claramente la fractura entre aquellos para quienes la dignidad expresa el valor intrínseco del ser humano, un valor esencial que remite a Dios o a la naturaleza, y aquellos que denuncian este fundamentalismo metafísico o teológico al cual no se adhieren.

---

[45] G. Hottois (2009a). "Dignidad humana y bioética. Un enfoque filosófico crítico", en *Revista Colombiana de Bioética*, 4(2), pp. 53-83.

[46] G. Hottois (2009b). *Dignité et diversité des hommes*. París: Vrin.

Las críticas más frecuentes al uso de la noción de "dignidad" en bioética son relacionadas con su carácter vago, indefinido, ambiguo, plurívoco, contradictorio e incoherente. La dignidad puede aplicarse al ser humano, en todos sus estados, en totalidad y en todas sus partes; tanto a individuos como a colectividades o comunidades; a actividades, a comportamientos, a procesos y a la manera de asumirlos. Pero,

> algunos eticistas discuten el monopolio de aplicación de la dignidad sólo para los humanos, ya que quieren aplicarla a los animales, incluso a todo lo viviente… En resumen, las referencias a la dignidad son especialmente frecuentes, pero siempre problemáticas, a propósito de los siguientes campos bioéticos: experimentación con seres humanos; reproducción asistida médicamente; eutanasia; eugenesia; toma de órganos y estatus del cuerpo humano; de forma más marginal: relación con los vivientes no humanos y especulaciones transhumanistas y posthumanistas.[47]

En cuanto a la comprensión del concepto, el citado autor observa las diversidades, incoherencias y contradicciones siguientes:

A. Hay opiniones que expresan que la dignidad humana es un valor intrínseco, universal e invariable, frente a las que expresan que depende de su reconocimiento contextual y, por lo tanto, es susceptible de gradación, de variación, incluso de supresión.

B. Unas personas piensan que la dignidad del ser humano depende de la presencia en cada ser humano de lo universal, de la esencia "hombre", y otras piensan que depende de la unicidad, de la singularidad de cada individuo considerado irreemplazable.

C. Por último, la relación entre las nociones de dignidad y de autonomía se concibe a veces como convergencia (ideal kantiano), a veces como tensión jamás resuelta y a veces como oposición pura y simple (en particular a propósito de la eutanasia o también de la disposición por el individuo de su propio cuerpo).[48]

---

[47] G. Hottois (2009a). *Op. cit.*, p. 57.

[48] *Ibidem*, pp. 57-58.

Así pues, debido al uso equívoco del término "dignidad humana", en el cual subyacen distintas concepciones del ser humano, de la libertad, de la ciencia médica y del conjunto de los derechos humanos, para quienes critican este concepto, ésta obliga a rechazar, por ejemplo, la eutanasia, por entenderla como una arbitrariedad humana frente a un problema moral, ya sea basado en la religión, suponiendo que la elección de la muerte es una decisión meramente divina, pero no sólo ahí sino también en principios de carácter laico y hasta ateos.

En efecto, los resultados de esta perspectiva inciden en las acciones que puedan realizarse, en relación con la idea previa respecto de la dignidad humana. Esto implica que cuando no se acepta este valor de la persona en sí misma, se abre la posibilidad que conduce a abandonar el respeto por ella.[49]

En la perspectiva de los detractores del concepto de dignidad humana puede percibirse la diferencia entre ser humano y ser persona que suele conducir hacia justificaciones que por lo general atentan contra la dignidad.

Desde estas problemáticas pueden entenderse los reparos morales concernientes a los temas referidos a la manipulación genética, la eutanasia y el aborto. La base de los mismos se asienta justamente en la posición que se asuma frente al concepto de dignidad.

El materialismo, por ejemplo, tanto en su versión teórica como en su versión práctica, constituye un punto de vista que sitúa el origen de la persona en el proceso orgánico de la vida. Esta posición hunde la dignidad de la persona humana individual considerando

---

[49] Esto puede visualizarse en el siguiente caso: imaginemos una situación en la que subyace la perspectiva de que un sujeto es considerado una persona o un ser humano en la medida en que se comporte como tal, es decir, si estudia, vota, es capaz de hablar, de comunicarse y ser consciente de sí mismo y de su libertad. En este caso entonces todos los seres humanos que no se comportan como tales, ya sea porque se encuentran en estado de inconsciencia o poseen alguna discapacidad física o mental que no les permita realizar alguna de estas acciones, no serían personas.

que la misma es una cuestión cultural, establecida e instituida como pauta de valor.

Esta explicación de la dignidad humana consiste en sostener que la misma radica en una convención social o cultural. Lo subyacente a esta postura es que la idea de dignidad del hombre no radica en un valor intrínseco sino en algo circunstancial y contingente como la opinión cultural.

Es interesante examinar aquí el trabajo de Bello Reguera,[50] en cuyo ensayo analiza los elementos y operaciones básicas del razonamiento moral que justifica la decisión de proteger jurídicamente la vida humana. En dicho trabajo se analiza la aplicación del concepto "vida humana" a diferentes casos partiendo de la idea de que aplicación e inclusión exigen una definición clara y distinta.

Sin embargo la realidad es que carecemos de esa definición, y además se plantea la existencia de dos de ellas, una de carácter empírico, en términos biogenéticos, y otra de carácter moral, en términos de dignidad. Pero además, la dignidad también es un concepto susceptible de diversas definiciones lo que la convierte en un término abierto. Según Bello Reguera, "esta situación hace que la inclusión y la exclusión de casos diversos en el campo conceptual de la vida humana no sea precisa ni terminante, de lo cual se derivan dos conclusiones prácticas. No es posible la existencia de una autoridad moral única y excluyente en la definición y la solución de los problemas morales, sino que dichos límites deben ser definidos de forma democrática".[51]

El autor presenta un enfoque del problema de la protección de la vida, desde la ética filosófica, pretendiendo en este sentido diferenciar su perspectiva de los enfoques jurídicos, y además al calificarla de filosófica, intenta separarla de la teología moral. En este sentido

---

[50] G. Bello (2008). "La protección de la vida humana y el significado de la dignidad", en *Revista Filosófica Azafea* (10), pp. 105-122.

[51] *Ibidem*, p. 105.

sostiene que la ética laica no es monolítica como el monoteísmo ético teológico, sino pluralista.

El autor parte del supuesto de que la decisión de proteger o no proteger jurídicamente a la vida humana, "por ejemplo prohibiendo el aborto o la eutanasia, depende de un juicio moral y éste, por su parte, de un razonamiento moral concluyente, cuya estructura se remonta a la reflexión aristotélica".[52]

La biología molecular proporciona definiciones de la vida humana en términos bioquímicos. Sin embargo esta definición no incluye ninguno de los rasgos mediante los que puede ser caracterizada la dignidad o valor en sí de la vida humana, y allí es donde habitan sus inconvenientes.

Es pues, menester recordar que la razón o motivación por la que la vida humana debe ser protegida consiste justamente en su dignidad o valor en sí, y no en el número y la composición química de sus genes.

Con respecto a la definición teológica del término "dignidad" el autor sostiene que la tradición cristiana define la dignidad humana a partir de la divinidad. La narración bíblica atribuye a Dios la siguiente escena: "Díjose entonces Dios: hagamos al hombre a nuestra imagen y a nuestra semejanza". ¿En qué consiste esa semejanza o parecido? La declaración que la Biblia atribuye a Dios lo aclara: "Para que domine sobre los peces del mar, sobre las aves del cielo, sobre los ganados y sobre todas las bestias de la tierra". Según esta frase que la Biblia atribuye nada menos que al mismo Dios, nuestra semejanza con él está en el poder de dominar a los animales, cosa que no dejaría indiferentes a algunos ecologistas de tendencia vegetariana, entre los que, desde luego, no se encuentra el Dios bíblico.[53]

Para el autor, el absolutismo y el fundamentalismo de la definición católica de la dignidad humana propicia operaciones de

---

[52] *Ibidem*, p. 107.

[53] *Ibidem*, p. 114.

inclusión y exclusión en el campo lógico de dicha dignidad que son terminantes, definitivas y autoritarias. En este sentido aquel que construye su identidad humana con esta definición puede razonar que si su definición es la única verdadera, entonces las de los otros pasarían a ser falsas.

Según el autor, estas reflexiones son suficientes para concluir algunas cosas sobre la dignidad humana y sus definiciones. En este sentido sostiene que

> hay un consenso generalizado sobre ella [la dignidad] como valor en sí de la vida humana y, como tal merecedora de respeto y protección. No lo hay, en cambio, sobre su definición. Este pluralismo de definiciones acredita la condición borrosa de su concepto o campo lógico. […] Identificaré, entonces, la dignidad humana con la capacidad, propia y exclusiva de la especie de la misma denominación, de darse valor a sí misma, en sus diversas dimensiones: individual, genérica y cultural. No sólo cada individuo, cada género y cada grupo a sí mismo sino, sobre todo, al otro o a los otros y, más aún, en situación de vulnerabilidad.[54]

En conclusión, para Bello Reguera, en esta zona de vaguedad (tanto conceptual como temporal), los dos tipos de definiciones posibles para la dignidad humana, es decir, desde su aspecto biológico y desde el moral, "comienza un proceso de solapamiento que vuelve difícil, si no imposible, una delimitación nítida de sus respectivos campos de actividad", de lo cual el único criterio que puede surgir "es de la mayor o menor proximidad a la dignidad", es decir, sobre la base de dos supuestos:

> En primer lugar, "la prioridad ética incontestable de la vida definida en términos de dignidad, que incluye a los predicados genéticos, sobre la vida definida únicamente en términos genéticos o embriológicos, que no incluye predicados morales" y en segundo lugar, que "dada la lógica borrosa en la que nos movemos, la aplicación del principio de prioridad no está dada *a priori* y de una vez por todas. Entre otras cosas, porque, como hemos podido comprobar, el

---

[54] *Ibidem*, p. 117.

campo lógico de la dignidad tampoco es claro y distinto en sí mismo, sino también borroso o vago".[55]

De la argumentación desarrollada y de las conclusiones teóricas que se infieren de ella, el autor considera que no es posible ninguna autoridad moral única con legitimidad que parta de una definición clara de la vida humana, ya que una definición así sólo es posible en forma de un dogma impuesto por un poder institucional predemocrático o antidemocrático y autoritario.[56] En este sentido, desde el punto de vista (afirmamos) de un absoluto relativismo moral, el autor sostiene que todos los seres humanos dignos "con una capacidad de autovaloración o competencia ética mínimas, tienen el derecho inalienable de tomar parte en la definición de la dignidad que quieren para su vida y para su muerte".[57]

Esta conclusión tiene un valor específico en lo que respecta a la cuestión del aborto y de la eutanasia. Siguiendo con la argumentación del autor, y teniendo en cuenta lo señalado en el párrafo anterior,

> una mujer embarazada es la persona más cualificada para definir y decidir, desde su propia competencia ética, la dignidad de su propia vida y de la vida engendrada y a engendrar por ella y, por lo tanto, para decidir sobre la continuidad o interrupción de su embarazo [...]. Una persona sana y con un mínimo de competencia ética es la mejor cualificada para definir y decidir la dignidad de su propia vida y de su propia muerte, y, por lo tanto, para transmitir esta definición y esta decisión a sus otros significativos (familiares, amigos y expertos).[58]

Engelhardt, en *Los fundamentos de la bioética*,[59] parte de una visión pluralista de la sociedad y plantea una ética de mínimos como

---

[55] *Ibidem*, p. 120.

[56] *Ibidem*, p. 120.

[57] *Ibidem*, p. 121.

[58] *Ibidem*, p. 121.

[59] H.T. Engelhardt (1995). *Los fundamentos de la bioética*. Barcelona: Paidós.

fundamento moral sin contenidos, considerando que el concepto de persona está basado en la esencia racional humana que le permite el juicio moral,[60] manifestada en tres características humanas: la autorreflexión, la racionalidad y el sentido moral, lo que implica establecer una diferencia entre ser humano y persona, es decir, según su pensamiento, es diferente una persona de un ser humano sin atributos de persona. Así, pues, un ser humano que pierde, por ejemplo, las habilidades de la autorreflexión y el juicio moral, no puede ejercer sus derechos y deberes como persona, aunque siga siendo ser humano.

La persona y la dignidad, en el trabajo de Francesc Torralba,[61] un estudioso del concepto "dignidad humana" considera que se debe reelaborar filosóficamente el concepto de persona desde su vulnerabilidad y su posibilidad en su relación con el conjunto de la naturaleza. Reconoce una dignidad ontológica basada no en el ser, sino en su condición relacional interna y externa señalando que "esta capacidad le otorga una dignidad especial en el conjunto del cosmos".

Asimismo, considera que el reconocimiento de esta dignidad ontológica relacional tiene consecuencias de orden ético, político y social, en tanto que genera obligaciones de promoción y protección de la dignidad en cada uno de estos órdenes. Torralba afirma que la dignidad inherente en la persona humana implica una aceptación sin condiciones de toda persona por lo que, por ejemplo, el diagnóstico prenatal podría afectar esta incondicionalidad.[62]

Finalmente, Torralba afirma que la dignidad ontológica de la persona es, en último término, un misterio. Esto quiere decir que esta

---

[60] El centro de la ética engelhardtiana es la noción kantiana de *persona*. Se describe la persona como conciencia capaz de razonar y de elegir libremente, y dotada de sentido moral. La persona es una entidad autónoma, sólo ella tiene autoridad legítima para imponerse reglas de conducta y el respeto a valores. La única regla inviolable es el respeto a la persona y la autonomía personal en sí misma y en los demás.

[61] F. Torralba (2005). *¿Qué es la dignidad humana? Ensayo sobre Peter Singer, Hugo Tristram Engelhardt y John Harris*. Barcelona: Herder.

[62] *Ibidem*, pp. 397-399.

condición humana de dignidad es oculta, no es fenoménica, por lo tanto no es demostrable, es sencillamente creíble.[63]

2.2. Dignidad humana y espiritualidad

La trascendencia espiritual otorga un alto grado de importancia a la noción de dignidad humana. Sobre esta base, como una de las columnas estructurales construiremos el tema objeto del presente estudio.

2.2.1. Desde la ley natural

El Catecismo de la Iglesia católica, indica, a este respecto que

> son los preceptos primeros y esenciales que rigen la vida moral. Tiene por raíz la aspiración y la sumisión a Dios, fuente y juez de todo bien, así como el sentido del prójimo en cuanto igual a sí mismo. Está expuesta, en sus principales preceptos, en el Decálogo. Esta ley se llama natural no por referencia a la naturaleza de los seres irracionales, sino porque la razón que la proclama pertenece propiamente a la naturaleza humana.[64]

Según santo Tomás de Aquino, la ley natural es "la participación de la criatura racional en la ley eterna".[65] Recibe este nombre porque contiene los deberes que son derivados de la misma naturaleza humana y porque su esencia puede ser captada por la luz de la razón sin ayuda sobrenatural.

Toda persona humana, por el sólo hecho de ser tal, por ser inteligente (como actitud del hombre para entender y pensar de un modo diferente de los animales) y libre,[66] tiene una dignidad natural

---

[63] *Ibidem*, pp. 402-404.

[64] Catecismo de la Iglesia católica (1992), núm. 1955.

[65] Tomás de Aquino, *Summa Theologica*, quest. 91, art. 2.

[66] Para el Aquinate, la libertad hace al hombre más parecido a Dios de lo que sería si no fuese libre. La libertad es un bien y sin ella los seres humanos no profesarían a Dios aquel amor del

que debe ser respetada. Y la inteligencia y la libre voluntad son dos potencialidades que se derivan de la esencia de la persona, y por ello, toda persona, desde el primer instante de su concepción, tiene esas dos potencialidades, que se irán desarrollando en la medida que el *nasciturus* va creciendo.[67]

En cuanto al fundamento ontológico de esta dignidad, es un tema clásico en la filosofía de santo Tomás la cuestión de los "trascendentales", y, en concreto, el *bonum*, esto es, que toda cosa, por el sólo hecho de ser una cosa, es buena, lo cual está relacionado con una de las verdades más importantes de su filosofía: que toda cosa, por el sólo hecho de estar creada por Dios, es buena, puesto que Dios no crea lo malo. El mal moral es una ausencia de bien (la privación de la ordenación del acto humano libre a su fin último) fruto de la voluntad libre del hombre, no querido, pero permitido, por Dios. Y este *bonum* o valor ontológico de cada cosa es llamado por santo Tomás "dignidad de su propia naturaleza".[68]

Como consecuencia, aunque una persona realice acciones moralmente malas, sigue teniendo dignidad natural puesto que su constitución ontológica como persona referida a su fin último ha quedado intacta.

Como indicara Juan Pablo II, "después de todo, esto supondría eliminar la dignidad y la libertad de la persona, que se revelan —aunque sea de modo tan negativo y desastroso— también en esa responsabilidad por el pecado cometido".[69]

---

que Él es digno. El hombre puede elegir actuar contra Dios y contra la ley moral, en razón de un bien mayor, el de poder ser libre y poder amar a Dios por su propia libre elección.

[67] G. Zanotti (2002). El humanismo del futuro. Ensayo filosófico-político [*Online*]. Disponible en http://www.hacer.org/pdf/Zanotti05.pdf. (Consultado en abril de 2014).

[68] *Ibidem.*

[69] Juan Pablo II (2 de diciembre 1984). Exhortación Apostólica post-sinodal *Reconnciliatio et Paenitentia* sobre la reconciliación y la penitencia en la misión de la Iglesia hoy. 16: AAS 77 (1985).

Como ya advirtiera el papa Benedicto XVI, la ley natural se convierte en garante de la libertad y del respeto a la dignidad cuando están en peligro las exigencias fundamentales de la dignidad de la persona, la justicia, la familia e incluso la vida. Ninguna ley humana puede sobreescribir la norma divina escrita en el corazón del hombre, lo que le protege de todo arbitrio y de toda manipulación ideológica.[70]

Así pues, la propuesta del Papa es que mostremos de manera intelectualmente convincente la dignidad y la libertad de la propia razón humana, con lo que podamos asegurar una civilización que tenga plena conciencia del valor innegable de la ley moral natural, y con ello, respetuosa con la dignidad de la persona.

De acuerdo con todo lo expuesto anteriormente, toda persona humana, por haber sido creada a imagen y semejanza de Dios, desde el mismo momento de su concepción, durante el embarazo, en cualquier circunstancia de su vida (sana o enferma) e independientemente de sus actos, merece respeto y consideración por el solo hecho de ser persona.

El hombre tiene una inclinación natural a la vida, instinto de conservación. Por ello, el respeto a dicha inclinación es clave para su desarrollo personal y toda persona está obligada, respecto de otra, a no realizar ninguna acción que impida y destruya la vida de la otra persona.

Santo Tomás afirma que los preceptos primariosde la ley natural como "la vida ha de ser conservada" son enteramente inmutables, puesto que su cumplimiento es en absoluto necesario para el bien del hombre. Este derecho está presente desde el primer instante de la concepción hasta el último momento de la vida de la persona en este mundo.

---

[70] Benedicto XVI (5 de octubre de 2007). Llamamiento a redescubrir la ley natural. Discurso a los miembros de la Comisión Teológica Internacional. Zenit.org. Disponible en http://www.zenit.org/es/articles/llamamiento-de-benedicto-xvi-a-redescubrir-la-ley-natural (consultado el 8 de agosto de 2013).

2.2.1.1. ¿Todos los seres humanos son personas?

Afirmar que todos los seres humanos son personas supone aceptar que podemos identificar al ser personal basándonos en ciertas características propias de la especie, aceptando al mismo tiempo que dichas características no necesitan estar presentes y en ejercicio en cada uno de los individuos para incluirlo en dicha especie. Bastaría, entonces, que un individuo pertenezca a la especie humana para que sea persona.[71]

Desde la definición de Boecio, según la cual la persona es una "sustancia individual de naturaleza racional",[72] la filosofía ha intentado identificar aquellas características o "propiedades" que nos permiten reconocer a un sujeto como persona.

Dentro de los seguidores de los que Boecio calificó como *rationalis* (racional), encontramos la filosofía anglosajona que, desde Locke hasta la filosofía analítica contemporánea, ha intentado establecer una lista de aquellas "propiedades mentales" que nos permitirían definir a un sujeto como persona.[73]

Es necesario precisar bien lo que se entiende aquí por "predicados mentales", que pueden ser características como la conciencia de sí, el recuerdo, la relación con la propia vida como un todo y el interés por esa vida y por el mundo.[74]

---

[71] P. Taboada (2008). "El respeto por la persona y su dignidad como fundamento de la bioética". *Vida y ética*, año 9(2). Disponible en http://bibliotecadigital.uca.edu.ar/repositorio/revistas/ respeto-persona-dignidad-fundamentobioetica.pdf (consultado el 10 de enero de 2013).

[72] Cfr. Boecio, *Contra Eutychen et Nestorium*, cap. 3(74): "Naturae rationalis individua substantia".

[73] P. Taboada (2008). *Op. cit.*, p. 86.

[74] *Ibidem*, p. 86. Es interesante conocer la distinción que la filosofía moderna hace entre persona e individuo. Mientras que "individuo" es definido negativamente por ser una entidad psico-física y determinado en su ser, "persona" es una entidad definida positivamente. Así Kant hará una contraposición entre lo determinado y lo libre definiendo persona como: "La libertad e independencia frente al mecanismo de la Naturaleza entera, consideradas a la vez como la facultad de un ser sometido a leyes propias, es decir, a leyes puras prácticas establecidas por su propia razón". Así la "persona" es el fundamento de la ética o el valor supremo de la ética.

Max Scheler, por ejemplo, define a la persona como sujeto de actos intencionales.[75] Strawson propone que lo esencial para la persona es el ser sujeto de predicados mentales y físicos simultáneamente.[76]

De igual modo, ninguna persona, tiene la noción de persona si existe aisladamente, sin el contacto con otras personas. Del reconocimiento mutuo entre las personas, surge la noción clara de persona. Podemos decir que las personas no son tales sólo en razón de determinados atributos propios de la especie, sino también en virtud de sus relaciones mutuas.

La filosofía realista clásica afirma que el obrar sigue al ser. En otras palabras, para que un individuo pueda poseer ciertas propiedades típicas de su especie y para que pueda actuar del modo en que típicamente actúan los individuos de su especie, debe existir como individuo de esa especie, es condición *sine qua non*. El hecho de que por alguna razón no pueda actualizar las características y conductas propias de su especie —por ejemplo, por encontrarse en una etapa precoz del desarrollo embrionario o por tener un daño cerebral severo, transitorio o permanente— no lo desvirtúa como persona.[77]

Cuando hablamos de ser humano, en sentido genérico, nos referimos a una especie natural, que define a sus elementos por ciertos predicados o características. El concepto de persona, en cambio, no se refiere a una especie, sino a los elementos que la conforman, en cuanto que éstos son individuos únicos e irrepetibles. De este modo podemos decir que persona más que un concepto es un nombre: el nombre propio de las "naturalezas racionales individualizadas".[78]

---

[75] Es decir, para este autor la *persona* es un centro dinámico de actos que se trasciende al salir de sí hacia los valores. Es lo que le da a la *persona* su característica individual y su trascendencia. Cfr. M. Scheler (1966). *Der Formalismus in der Ethik und die Materiale Wertethik.* Aufl. Gesammelte Werke, Bd. 2, Bern-München.

[76] P. F. Strawson (1989). *Individuos. Ensayo de Metafísica descriptiva.* Madrid: Taurus.

[77] P. Taboada (2008). *Op. cit.,* p. 87.

[78] *Ibidem*, p. 88.

Esta breve descripción nos brinda de manera directa otro justificante para entrar a desarrollar de forma profunda la presente tesis.

En consecuencia, la persona humana, independientemente de su condición, es un ser de valor moral, un sujeto de derechos inviolables que deben ser reconocidos y respetados por los demás, incluyendo el derecho inviolable de las personas humanas inocentes a vivir, no a ser asesinados intencionadamente, y el derecho de los niños a nacer en y a través del acto conyugal.[79]

En la concepción de la persona humana en la teología católica, desde la concepción de la antropología humana, no se hace distinción entre ser humano y persona humana. Todos los seres humanos son personas. La existencia de un ser humano, por tanto, comporta un significado moral crucial en la medida en que una persona supera en valor el universo material entero y no puede ser considerada como un mero medio u objeto de uso sino el tipo de entidad al que corresponde como única y adecuada respuesta el amor.[80]

2.2.2. Desde los textos bíblicos

El tema por excelencia en los escritos bíblicos es el ser humano y por ende, su dignidad. Por las duras situaciones por las que el pueblo de Dios tiene que vivir, desde su travesía por el desierto hasta los sufrimientos personales de muchos de los patriarcas y matriarcas del pueblo escogido, la vida debe ser protegida, una y otra vez.

En el relato del Antiguo Testamento el hombre ha sido creado a "imagen y semejanza de Dios",[81] pero condicionado a su propia miseria, injusticia, atropellos y designios inescrutables de Dios.

---

[79] Cfr. Juan Pablo II (25 de marzo de 1995). Carta Encíclica *Evangelium vitae* sobre el valor y el carácter inviolable de la vida humana. AAS 87 (1995); Congregación para la Doctrina de la fe (22 de febrero de 1987). Instrucción *Donum vitae* sobre el respeto de la vida humana naciente y la dignidad de la procreación. AAS 80 (1988).

[80] W. Wojtyla (1969). *Amor y responsabilidad*. Madrid: Razón y fe, p. 41.

[81] Cfr. Gen 1:26-27.

Así, en el libro de Job la conciencia de esta dignidad atropellada se encuentra muy próxima al enfrentamiento e incluso a la blasfemia. Sólo la experiencia vivencial de la revelación de un Dios, que en todo tiempo y a toda criatura inunda con su misericordia, hace al hombre comprender y "dejar que Dios sea Dios", "Él es el que es…".

En el Nuevo Testamento el horizonte de esta dignidad se engrandece, se reivindica, encuentra luz y alternativas.

Todo hombre es ahora prójimo: el enemigo, el pecador, el pobre. Todos son dignos por el amor inmenso del que medió por todos nosotros. Cristo se identifica con la porción doliente de la humanidad, carga con sus cargas y la dignifica, gracias al perdón y al amor de Dios. Todo hombre tiene el poder de tener vida, y vida en abundancia. Esta vida abundante es la dignidad, la defensa de la dignidad de todos los vulnerados, maltratados, vilipendiados, torturados, etcétera.

2.2.2.1. Desde el Antiguo Testamento

> […] los primeros capítulos de este libro bíblico [Génesis] incluyen dos relatos sobre la formación del hombre, muy diferentes por su estilo literario y su fecha de composición: uno, atribuible a la fuente "sacerdotal" (P) del Pentateuco y datable, por consiguiente, de los siglos VI-V a.C. es muy sobrio y escueto; el otro, atribuible a la fuente "yahvista" (J) y datable del s. X a.C., es muy pintoresco e imaginativo. El más reciente es el que se encuentra en el cap. I, mientras que el más arcaico aparece en el cap. II. Éste le atribuye la formación del hombre a Dios actuando como un alfarero, que a la "estatua" modelada por él le sopló en seguida el soplo de vida en la nariz (Gen 2,7). Aquél, en cambio, sólo dice que "cuando Dios creó al hombre, lo creó a su imagen y semejanza" (Gen 1,27). Ambos relatos acentúan la presencia en el hombre de algo divino: para uno, el "soplo de vida"; para el otro, simplemente, la "imagen y semejanza" de Dios.[82]

---

[82] B. Villegas (30 de abril de 2002). *Conferencias sobre la dignidad del hombre.* Santiago, Chile: Centro de Estudios Públicos.

A lo largo del libro de Génesis y de muchos otros pasajes bíblicos, encontramos al hombre emparentado con Dios, con autoridad sobre todo lo demás seres vivientes, y de igual modo, con el privilegio de poder entrar en comunión con su Creador. Así, por ejemplo, el Salmo 8 describe esta afirmación cuando dice: "¿Qué es el hombre, que te acuerdas de él, el hijo de hombre, que tanto lo cuidas? Poco menos que un dios lo formaste, lo coronaste de gloria y esplendor. Lo hiciste dueño de las obras de tus manos, bajo sus pies lo sometiste todo".[83]

Es claro que, tanto en el Salmista como en los Profetas en múltiples oportunidades, en la comparación del hombre con la grandeza de su Creador, éste queda reducido a su mínima expresión, lo cual no significa que la dignidad del hombre quede envilecida. Lo que significa es que a pesar de la grandeza del Creador, hizo al hombre con gloria y esplendor.

Por otra parte, pareciera que la dignidad del hombre se ve maltratada, e incluso a veces, desconocida por Dios, su creador, pero lo que realmente se observa es que es el mismo hombre con su necedad y pecado, quien entorpece la visión de su dignidad misma. Se observa muchas veces que el pueblo de Dios se ve enfrentado a injusticias y desdichas y sometimiento por pueblos vecinos, pero siempre con la misericordia dispuesta por su creador.

En el Salmo 39, podemos leer:

De sólo un palmo hiciste mis días, y mi existencia es como nada ante ti. Un puro soplo es todo hombre viviente: como sombra, nada más, pasa el hombre; se afana por un soplo, nada más, amontona, y no sabe para quién. Así, Señor, ¿qué puedo esperar? Mi esperanza la tengo puesta en ti. Líbrame de todos mis delitos, no me entregues a la burla de los necios.[84]

---

[83]   Cfr. Sal 8,5-7.

[84]   Cfr. Sal 39,6-9.

El libro de Job ha sido una expresión de queja, por parte del hombre delante de Dios, con quien contiende, y alega su propia justicia y dignidad, sin embargo, sabemos que al final del libro el amor y misericordia de Dios, "vuelven a reconocer" la grandeza material y espiritual que había perdido Job.

Durante las migraciones del pueblo de Israel, Dios está presente y se revela a sí mismo con su infinito amor, respondiendo ante la llamada de la dignidad de su creación. Abraham dio un paso en la fe para responder a la llamada de Dios.[85] Abraham y Sara extendieron su hospitalidad a tres forasteros (dignos de ser ayudados) que en realidad eran una manifestación del Señor (de su misericordia y reconocimiento de dignidad), generosidad que se convirtió en paradigma de respuesta ante todo forastero para los descendientes de Abraham.

La gracia de Dios irrumpió hasta en situaciones de pecado: durante la migración forzada de los hijos de Jacob, José, vendido como esclavo, se convirtió eventualmente en el salvador de su familia[86] como una figura futura de Jesús, quien traicionado por un amigo por 30 monedas de plata, salva a la familia humana. En todos estos actos de benevolencia, subyace el reconocimiento de la grandeza y dignidad del hombre.

En el pensamiento hebreo en el Antiguo Testamento, la vida no es un concepto biológico o antropológico sino un concepto teológico.[87] La vida le corresponde a Yahvé como algo propio, pues no la recibió de nadie. Él, desde siempre y para siempre el principio y fin, aquel que ama la vida, que la pone y la quita. La vida de los hombres es vista como un bien que Dios da a los hombres, y sobre el cual Él tiene decisión.[88]

---

[85] Cfr. Gen 12,1.

[86] Cfr. Gen 37,45.

[87] Cfr. E. Schockenhoff (1997). *Etica della vita. Un compendio teologico*, Queriniana: Brescia, p. 110; A. Rodríguez-Luño. (2008). *Scelti in Cristo per essere santi. III. Morale speciale*, Roma: Edizioni Università della Santa Croce, p. 83.

[88] A. Rodríguez-Luño (2008). *Op. cit.*, p. 83.

El ser humano, varón y mujer, ha sido creado a imagen y semejanza de Dios. Las Sagradas Escrituras ponen esta condición como fundamento del mandamiento "no matarás", y, además, asume un papel central en la antropología cristiana, que ve en tal afirmación el fundamento último de la dignidad humana. Sólo del hombre se dice que fue creado a imagen de Dios, distinguiéndolo así de las cosas, de las plantas y de los animales. Esta idea se convierte en un bien permanente en el hombre y en garantía de protección de la vida humana que, por ser creada a imagen y semejanza de Dios, es sagrada e inviolable.[89]

2.2.2.2. Desde el Nuevo Testamento

En el Nuevo Testamento es la revelación, en la persona de Jesús, el amor de Dios por los hombres manifestado como actitud de perdón, cuyo fundamento reside en el reconocimiento de la capacidad que todo hombre siempre tiene de darle a su vida un futuro diferente. Estamos aquí ante el supremo derecho inherente a una dignidad que implica libertad.[90]

Así, en el Nuevo Testamento, la noción de libertad por conocimiento de la verdad, de la palabra de Dios, a través del Redentor, constituye el eje fundamental de la dignidad del ser humano.

La notoria preocupación por la situación de los pobres que se manifiesta en todo el Nuevo Testamento, obedece al hecho de que el pobre es el que no tiene nada, excepto su dignidad de ser humano. Es en el respeto a esta dignidad y a los derechos de los pobres y oprimidos, donde se manifiesta que su fundamento estriba en el hecho de ser hombre, y no en lo que pueda tener.[91]

---

[89] *Ibidem*, p. 84.

[90] B. Villegas (1991). *Conferencias sobre la dignidad del hombre.* Santiago, Chile: Centro de Estudios Públicos (44), pp. 15-16.

[91] *Ibidem*, p. 15.

En el Nuevo Testamento, se pone de manifiesto la revelación de la ternura de Dios por aquellos hombres en los que la dignidad se encuentra vejada. La máxima expresión de dicha ternura se encuentra en la parábola del hijo pródigo. Dicha parábola llevó a Juan Pablo II a afirmar que la misericordia, como reacción visceral frente a la dignidad humana reducida a una condición indigna, es la raíz y el fundamento de la justicia adecuada.[92]

A la enseñanza del Antiguo Testamento de que el hombre es creado a imagen y semejanza de Dios, el Nuevo Testamento añade una cuestión fundamental, y es que Jesucristo es la única y verdadera imagen de Dios. En Jesucristo, Dios pone delante de los ojos de los hombres su propia imagen, para que reconozcamos cuál es la dignidad a la que hemos sido llamados.[93] "Jesucristo se ha identificado la porción doliente de la humanidad, de tal modo, que es a él a quien se debe reconocer en todos los necesitados y afligidos. En los que padecen hambre, sed, falta de techo, desnudez, enfermedad o prisión está íntegra la dignidad humana asumida por el Hijo de Dios".[94]

2.3. La reflexión en bioética

Los continuos dilemas morales con los que se enfrenta la bioética exigen una reflexión rigurosa. Esto implica que es necesario construir un sistema de referencia moral que establezca un orden y unas normas válidas para todos los seres humanos, y que supere el simple acuerdo de los expertos, ya que estos especialistas como personas también poseen y actúan según sus principios éticos.

Esta solución tiene que fundamentarse en un modelo antropológico adecuado que, como tal, hundirá sus raíces en una concepción

---

[92] Juan Pablo II (30 de noviembre de 1980). Carta Encíclica *Dives in misericordia* sobre la misericordia divina, 5: AAS 72 (1980).

[93] A. Rodríguez-Luño (2008). *Op. cit.*, p. 86.

[94] B. Villegas (1991). *Op. cit.*, p. 16.

ontológica de la persona. Distintas son las opciones que en estos momentos se barajan y que Sgreccia resume en cuatro propuestas:[95]

a) Naturalismo sociobiologista: de inspiración evolucionista, defiende la tesis de que, si el ser humano es una consecuencia de la evolución, como tal, debe estar sujeto a sus leyes. Bastará con describir y observar empíricamente la realidad para establecer unas leyes de carácter científico. Por ejemplo, solamente mediante la observación de los comportamientos de un grupo social se podrá extraer las normas de conducta para la colectividad.

b) Liberal radical o subjetivista: considera que la libertad es el primer valor de la persona y en consecuencia, los hechos dependen directamente del sujeto y son originados por él y, por lo tanto, no existe una verdad universal ni unos valores ni normas éticas universalizables.

c) Pragmático utilitarista: Bentham define así la ética: "La ética, en general, puede ser definida como el arte de dirigir las acciones de los hombres en la producción de la mayor cantidad posible de felicidad para la mayor parte de aquellos, cuyos intereses están a la vista (es decir, para los miembros de la sociedad que tienen intereses)".[96] La ética utilitarista es una ética pública, dirigida a la felicidad a través de la utilidad. Debemos hacernos felices como sujetos, haciendo lo que sea útil y no guiándonos por consideraciones ajenas.

d) Corriente personalista, donde la vida es el valor primario, la libertad queda fundamentada en la vida, en consecuencia, el sujeto debe gestionarla de forma completamente responsable. El ser humano es concebido como una totalidad: física, psíquica y espiritual.

Frente a las actitudes egoístas, mercantilistas y reduccionistas, el personalismo ofrece una defensa de la persona humana, defendiendo la vida desde su inicio hasta su muerte, fundamentándose en una ontología y antropología de referencia, lo que le permite un verdadero análisis ético de los problemas mediante conceptos estructurados y organizados, frente a las otras corrientes que habitualmente manejan los llamados principios de la bioética: autonomía, no

---

[95] E. Sgreccia (2009a). *Op. cit.,* pp. 63-73.

[96] J. Bentham (1789). *Introducción a los principios de la moral y la legislación,* cap. I, sec. I.

maleficencia, beneficencia y justicia. Principios que son considerados por sus autores, Beauchamp y Childress, como *prima facie*. Esto es, que vinculan siempre que no colisionen entre ellos, en cuyo caso habrá que dar prioridad a uno u otro, dependiendo del caso. Pero ya Beauchamp considera que los principios deben ser especificados para aplicarlos a los análisis de los casos concretos, o sea, deben ser discutidos y determinados por el caso concreto a nivel casuístico, poniendo de manifiesto su falta de sustentación teórica y ontológica.[97]

Asimismo, al considerar a todos los seres humanos como iguales y darle una gran importancia a la interpersonalidad, el personalismo permite reflexionar y afrontar las relaciones personales, tan importantes en el mundo de la ética y fundamentales en la bioética, dando lugar a la denominada antropología del cuidado.

Como indica el propio Sgreccia, en su artículo titulado "La contribución de la Iglesia católica al desarrollo de la bioética":[98]

> Me permito decir que la contribución realizada [a la bioética] ha sido valorada, no solamente en orden a la educación de los profesionales médicos, juristas, investigadores del ámbito biomédico y en la formación de la conciencia del ámbito pastoral, sino también en el desarrollo del pensamiento filosófico católico de estos últimos treinta años.

Pero la corriente personalista debe hacer frente a una serie de retos, como es el abrumador dominio que el principialismo tiene en el campo teórico como práctico, sobre todo en el mundo anglosajón. El personalismo recoge una larga tradición filosófica, se nutre tanto de las fuentes del tomismo clásico como del personalismo moderno, cuyo fundador ha sido considerado Emmanuel Mounier con seguidores como Jacques Maritain, Étienne Gilson, Sofía Vanni Rovighi, Gustavo Bontadini o Karol Wojtyla, entre otros. Esto se traduce en

---

[97] T. Beauchamp (2003). "Methods and principles in biomedical ethics", en *Journal Medical Ethics* (29), pp. 269-274.

[98] E. Sgreccia (2008a). "La contribucion de la Iglesia católica al desarollo de la bioética", en *Ars Medica* (16), pp. 215-230.

ocasiones en algunos problemas de precisión ética y filosófica. Karol Wojtyla, como veremos, emprendió, especialmente, en *Persona y acción*, una renovación del tomismo para dar cabida en su concepción moderna a términos como "subjetividad". En realidad, este problema lo que nos muestra es la vigencia, la actualidad de la tradición cristiana, así MacIntyre ha señalado en más de una ocasión que "el olvido de la filosofía de Tomás de Aquino ha sido determinante en el giro que tomó la filosofía moderna y, como consecuencia, la ética quedó abocada a numerosas aporías".[99]

El personalismo en bioética ha sido acusado, por sus detractores, de solamente tener en cuenta a las personas en la plenitud de sus condiciones. Por ello, como desarrollaremos, Elio Sgreccia ha insistido en la vulnerabilidad de la vida, en el carácter narrativo y biográfico de la persona y en su defensa desde la concepción hasta la muerte.

En conclusión, este panorama que hemos descrito sobre la bioética personalista ha puesto de manifiesto el hecho de que en su línea más moderna, representada por Sgreccia, se nutre en sus fundamentos de cuatro autores principalmente: santo Tomás de Aquino, Mounier, Maritain y Wojtyla.[100] Acercándonos a ellos nos introduciremos en las bases filosóficas del personalismo ontológico de Sgreccia.

---

[99] A. MacIntyre (1992). *Tres versiones rivales de la ética. Enciclopedia, Genealogía y Tradición*. Madrid: Rialp.

[100] En una entrevista escrita concedida por Elio Sgreccia al autor de la presente obra, él mismo ha manifestado que sus principales autores de referencia han sido los propuestos, aunque, indudablemente, existen otros muchos, como él mismo afirma. La entrevista íntegra puede leerse en un anexo de este libro.

2.4. Un acercamiento al pensamiento de santo Tomás de Aquino

Las raíces filosóficas de Aquino son fundamentalmente dos: Aristóteles y san Agustín. Para él, ambos autores se complementaban. En la obra de santo Tomás se reconoce el aristotelismo, tanto en su fundamentación como en su contenido y en su finalidad; frente al aristotelismo vigente en su época, cargado de rasgos musulmanes, recobró las fuentes originales y resolvió aquellos principios de la metafísica aristotélica que contradecían las verdades reveladas. Asimismo, es innegable que su síntesis filosófico-teológica es profundamente agustiniana y, por tanto, platónica, no solamente en su teocentrismo y en su consecuente humanismo, sino también en otros muchos puntos fundamentales de su pensamiento como el trascendentalismo causal.

En este aspecto se podría afirmar que finaliza la obra iniciada por san Alberto Magno, de tanta influencia en santo Tomás, quien había intentado corregir el aristotelismo desde el exterior, tomando motivos y sugerencias del agustinismo que deseaba combatir. Distinguió la filosofía y la teología, dando más crédito a san Agustín en cuestiones de fe y costumbre que a los filósofos. En cambio, en el conocimiento de la naturaleza dio más autoridad a los filósofos naturales.

Aristóteles y san Agustín, razón y fe. Como indica E. Gilson:

Una doble condición domina el desarrollo de la filosofía tomista: la distinción entre la razón y la fe, y la necesidad de su concordancia. El ámbito entero de la filosofía proviene exclusivamente de la razón; es decir, que el filósofo no debe admitir nada más que lo que sea accesible a la luz natural ydemostrable por sus solos recursos. La teología, por el contrario, se basa en la revelación. Los artículos de la fe son conocimientos de origen sobrenatural, contenidos en fórmulas cuyo sentido no nos es enteramente penetrable, pero que debemos aceptar como tales, aunque no podamos comprenderlos.[101]

Esta síntesis entre razón y fe se ve perfectamente reflejada en todos sus escritos, sus obras son eminentemente teológicas, pero, a diferencia de otros escolásticos, concede, en principio, a la razón su propia autonomía en todas aquellas cosas que no se deban a la revelación. Consecuencia de ello es un compendio con el que se anuncia la llegada de la filosofía moderna, donde se defiende la autonomía y el poder de la razón en lo referente a las realidades de la experiencia, abriendo con ello un nuevo horizonte al pensamiento filosófico y preparando una concepción autónoma del hombre.

2.4.1. La idea de persona

2.4.1.1. La distinción entre esencia y existencia

El aporte contemporáneo de Aquino a la comprensión del concepto "persona", está en el discernimiento de la esencia del ser. Las ideas de Aquino sobre el hombre son innovadoras, respecto de las de Aristóteles. El hombre es un compuesto de alma y cuerpo, pero el alma no es la mera forma del cuerpo, que perece con él, es su forma. Le da además el ser y la individualidad: el hombre existe y es individuo por el alma. Pero "el hombre no es sólo alma, el cuerpo también forma parte de su esencia ya que, además de entender, siente, y sentir no es una operación del alma sola. El alma es, según la teoría aristotélica, el acto del cuerpo; es la forma, el principio vital que hace que el hombre conozca y se mueva. En este sentido es sustancia, es decir, subsiste por su cuenta".[102] Pero, como forma pura, el alma intelectiva es inmortal.

---

[101] E. Gilson (1965). *La filosofía en la Edad Media*. Madrid: Gredos, p. 433.

[102] M. Moreno (2012). *Filosofía*. Vol. III: Ética, política e historia de la filosofía (I). Sevilla: MAD-Eduforma, pp. 495-496.

La materia puede corromperse, porque la forma, que es acto, es decir, existencia, puede separarse de ella, sin embargo, es imposible que el alma se separe de sí misma y, por lo tanto, es imposible que se corrompa. Este argumento tomista tiene sus orígenes en la prueba platónica que encontramos en el diálogo Fedón, de que el alma por tener en sí misma la idea de la vida, no puede morir.[103]

La persona se comprende desde el ser, en el acto de ser. El ser no es la mera existencia ni tiene el sentido de "es" o de cópula del juicio.

El ser es el "acto de la esencia",[104] no es un mero estado, sino su causa. La existencia, con respecto al ser, es uno de sus efectos. Esta plenitud en el acto del ser le da una dignidad y un valor absoluto, en el aquí y ahora del sujeto personal.

En la obra *De ente et essentia,* santo Tomás efectuará la distinción real de esencia y existencia. En ella define *ens* (ser) y *essentia* (esencia). El "ser" comprende a cosas o conceptos que no existen necesariamente en a realidad, al ser concreto, compuesto de materia y forma en los seres finitos, en cambio, la existencia, hace referencia a las cosas realmente existentes. Recordemos que para Aristóteles la materia se identificaba con potencia y la forma con acto, pero santo Tomás también considera que la esencia y la existencia están entre sí en relación de potencia y acto. La *quididad* (esencia) no solamente comprende la forma, sino también la materia de las cosas compuestas, pues *comprende la totalidad de lo que está expresado en la definición de la cosa.* Si la definición de hombre es animal racional, su esencia no comprende sólo su "racionalidad" (forma), sino también su "animalidad" (materia).[105]

---

[103] *Ibidem,* pp. 496-497.

[104] Tomás de Aquino, *Comentario a los Libros de las Sentencias,* I, d, 33, q, 1, a 1, ad 1.

[105] M. Moreno (2012). *Op. cit.,* pp. 478-479.

2.4.1.2. La definición de persona

Santo Tomás de Aquino fundamentará la definición de persona en Boecio quien afirma: "Persona est naturæ rationalis individua substantia."[106] Para el filósofo romano la persona está en la segunda parte de la definición: substancia individual, ya que la palabra "substancia" la entiende como que es lo mismo que existencia, es decir, subsistencia: el existir por sí, para que pueda existir por sí, necesita que sea alguien, un individuo, un individuo que exista por sí, un ser real concreto; esta idea es recogida por la filosofía moderna. En cambio, para santo Tomás, la substancia es una esencia subsistente individual, una esencia que tiene existencia propia y está individualizada: *individua substantia* (responsable, consciente) y la unirá con *naturae rationalis*, la naturaleza racional es lo más perfecto de la persona humana, es la explicitación del individuo, ser racional es ser consciente deductivamente, dicho de manera sencilla: razonar.

La persona es un ser subsistente en la naturaleza racional o intelectual, siendo ese subsistir un modo especial del existir, el existir por sí y en sí, de manera autónoma. Tomás lo expresa en fórmula lapidaria: *omne subsistens in natura rationali vel intellectuali est persona.*[107]

Se dice individuo lo que es indistinto en sí y distinto de los otros. Por ello, la persona implica lo que pertenece a esa naturaleza. La naturaleza humana implica corporeidad, alma, todo aquello que es principio de individuación de hombre. Es precisamente el alma quien realiza tres funciones. La primera función es la de conferir al hombre la unidad, da cohesión interna mientras que lo material es principio de multiplicidad. La segunda función del espíritu es dar el ser al cuerpo, las formas de los animales y vegetales no tienen un ser propio, sino el ser que las actualiza pertenece a toda la substancia. Son por ello, formas destinadas sólo a determinar la materia. Por

---

[106] A. Boecio, *Liber de persona et duabus naturis, contra Eutychen et Nestorium.* c. III, col. 1343, *en* Migne, J. *Patrologiae. Cursus completus.* París: Vrayet de Surcy, 1847, t. LXIV, col. 1338-1354.

[107] Tomás de Aquino, *Summa contra gentiles,* IV, q. 35.

último, el espíritu realiza una tercera función la de proporcionar una mayor individualidad, es un principio especificador del hombre, en cuanto substancia inmaterial es individual, a diferencia de las otras formas, que en sí mismas siempre son comunes. En el hombre podemos encontrar la individualidad de su cuerpo cuyo origen es la materia, que determina no solamente sus características físicas, sino también su vida vegetativa y sensitiva, pero, además, posee la individualidad más profunda de su alma. Esta individualidad es expresada con el término "persona" que significa la individualidad espiritual.

El paradigma tomista es metafísico, dentro de la tradición aristotélica de Boecio se encamina hacia el orden del ser entendido como acto. Por ello es substancia, pero en el sentido de *substancia primera*: el supuesto que subsiste en el género de substancia. Se añade *individual* para indicar que no todos los subsistentes sustanciales son personas, sino sólo los de *naturaleza racional*. En el hombre se encuentra sintetizado: lo espiritual con la racionalidad y la voluntad libre, que se sigue de ella. Es una síntesis de la creación.

Como vemos, a partir de Boecio, se recupera el plano de la subsistencia. Santo Tomás entiende la persona como "subsistencia espiritual", el Aquinate considera la definición de Boecio de persona, recordemos *persona est naturæ rationalis individua substantia*, equivalente a la suya propia que es más precisa: *persona subsistens in natura rationali est diversus:* "Persona es el subsistente distinto en naturaleza racional".[108]

Recordemos que Aquino habla de todo sujeto de naturaleza espiritual o intelectual. Era costumbre designar los seres espirituales con los nombres de substancias separadas, inteligencias, espíritus o ángeles. Todos ellos son personas, aunque no se definan por ser racionales como el hombre.

Incluso, el concepto de persona vale también para Dios, al cual no se le puede aplicar con propiedad el concepto de substancia, por

---

[108] Tomás de Aquino. *Cuestiones disputadas sobre la Potencia de Dios*, q. 9, a. 4, in c.

ello Tomás precisa en otra fórmula más apropiada la noción cabal de persona: *distinctum subsistens in intellectuali natura*.[109]

En consecuencia, la naturaleza racional no es la diferencia mayor que el hombre tiene con el resto de los seres del cosmos, funcionando aquella como una diferencia específica frente al resto de los seres. Para Tomás de Aquino, la diferencia radical entre las cosas y las personas se halla en el orden del ser; el mismo *esse* humano es radicalmente diferente del *esse* de las cosas del cosmos. La diferencia no está sola ni principalmente en la esencia, sino en el orden transcendental.[110]

Para santo Tomás la persona es lo más singular, incluye una individualidad única, por ello, distingue entre "hombre" y "persona". El nombre persona tiene una caracterización lógica y gramatical distinta de hombre, mientras que hombre se refiere a características generales, persona se refiere directamente al ser, a la causa de la individualidad del espíritu. La persona tiene un carácter trascendental, ya que lo que hace que un hombre, compuesto de espíritu y cuerpo, sea persona es su ser propio, acto primero, constitutivo y fundamento de la misma esencia. Es una realidad metafísica que se revela en la percepción intelectual de que es, se distingue de su naturaleza por su carácter permanente y a la vez desconocido.

2.4.1.3. La dignidad de la persona

Esta explicación metafísica le llevaba a afirmar que "la persona es lo más noble y digno que existe en la naturaleza".[111] La dignidad de la persona se realiza en modos diversos, como ser integral. En todos indica la plenitud, en mayor o menor grado, su naturaleza.

---

[109] A. Lobato (n.d.). La Persona en santo Tomás de Aquino. *Fe y Razón*. Disponible en http://www.feyrazon.org/Lobatopersona.htm (consultado el 12 de agosto de 2013).

[110] E. Forment (1983). *Ser y persona*. 20ª ed. Barcelona: Publicaciones Universidad, pp. 61-69.

[111] Tomás de Aquino, *Summa Theologica*, I, q. 29, a. 3: *Persona significat id quod est perfectissimum in tota natura.*.

En este modo pleno de ser, que es el *ser en sí y para sí*, subsistente y espiritual, se comprenden todas las notas del obrar por sí. El obrar sigue al ser, y el obrar de la persona es el que pertenece al ser personal.

La persona es capaz de producir actividades que brotan de lo profundo del ser en el orden del conocer, del actuar y de hacer. Ha de ser capaz de ellas por su misma condición de naturaleza espiritual. Esas actividades brotan del ser y son inmanentes, se realizan en el encuentro interpersonal y/o grupal.

Para Tomás todo se centra en el acto de ser de la persona: "La personalidad pertenece necesariamente a la dignidad y a la perfección de una realidad en cuanto ésta existe por sí, todo lo cual va incluido en el nombre de persona".[112] La persona implica el modo más pleno de existir, el más noble porque el ser pertenece a la misma constitución de la persona.

La orientación metafísica de Aquino ha llevado a la aplicación de la doctrina del *actus essendi* a la persona y esto es una novedad. El hombre es ser personal desde el principio y para siempre. Hay una dignidad inherente a todo ser personal que tiene aplicación inmediata en el hombre. El hombre es y se hace. Es siempre persona y se hace persona con sus propias características individuales. Desde su concepción hasta la muerte, su ser personal lo define, porque es su constitutivo. Es algo superior a la sociedad civil, que se funda sobre la comunidad de personas.[113]

Como hemos indicado anteriormente, santo Tomás distingue entre "hombre" y "persona", en consecuencia, también diferenciará entre "actos del hombre" y "actos humanos". Los actos del hombre son aquellos propios de su naturaleza y no son consecuencia de la voluntad ni de su libre albedrío, los segundos, implican la entrada de la opción moral y de la libertad, que no es eliminada ni disminuida por la

---

[112] *Ibidem*, III, q. 2 a. 2 ad 2.

[113] A. Lobato (n.d.). *Op. cit.*

ordenación finalista del mundo. Dios inclina al hombre por su propia naturaleza hacia la justicia y, por su propia naturaleza, el hombre tiene el libre albedrío. Como expone santo Tomás, la libre acción del hombre forma parte de la providencia divina, sin que su libertad sea anulada por la predestinación a la beatitud eterna, que consiste en ver a Dios.[114] Esto es inalcanzable para el hombre, sólo por sus fuerzas naturales y, por tanto, ha de ser guiado por Dios mismo, pero el libre albedrío no es eliminado ni disminuido por la ordenación teológica del mundo.

Precisamente, la presencia del mal en el mundo es debida al libre albedrío. Santo Tomás admite la teoría platónico-agustiniana de la no-substancialidad del mal: el mal sólo es la falta de bien. Toda cosa, por el solo hecho de ser creada por Dios, es buena; Dios no crea lo malo. El mal moral, siguiendo a san Agustín, en el Aquinate no tiene esencia, es la negación del bien, pero no de cualquier bien, sino de un bien debido, no hay un mal metafísico, ya que el sujeto es deficiente, malo en cuanto a esta privación, pero el sujeto en cuanto tal es bueno. Dios no quiere ni causa el mal, ni se complace en él, las causas creadas son defectibles, pueden fallar. En cuanto tal, el mal es un resultado accidental y circunstancial, es una ausencia de bien (la privación de la ordenación del acto humano libre a su fin último), fruto de la voluntad libre del hombre, no querido, pero permitido, por Dios. Por ende, de la constitución ontológica misma de cada cosa y de su condición de cosa creada deriva que toda cosa es buena. Y este *bonum* o valor ontológico de cada cosa es llamado por santo Tomás "dignidad de su propia naturaleza".[115]

> Hemos visto que la persona humana tiene inteligencia y voluntad libre. Esas dos potencialidades propias la ubican —como también hemos visto— en el orden moral. Pues bien, esto es lo que le da a la persona humana un valor adicional, esto es, adicional a la bondad

---

[114] Cfr. Tomás de Aquino, *Summa Theologica*, I, q. 22, a. 4 y I, q. 23, a. 6.

[115] Cfr. Tomás de Aquino (1983). *In Decem libros ethicorum. Aristóteles ad Nlicocacum expositio*, libro V, lección IX, núm. 981. Turín: Marietti.

natural que tienen todas las cosas por ser tales y estar creadas por Dios. Que la persona tenga per se inteligencia y voluntad libre y esté, por consiguiente, ubicada en un orden moral objetivo, con un destino final trascendente a este mundo (Dios), le da una bondad ontológica especial, que se ha denominado dignidad natural humana.[116]

Un problema surge al analizar si puede hablarse de dignidad natural del hombre cuando opta por el mal moral o cuando comete una o más acciones inmorales. La respuesta es sí, porque su dignidad natural no deriva de sus opciones personales, sino que es su constitución esencial, inteligencia y voluntad libre lo que le da la posibilidad de escoger una o varias opciones.[117]

Recordemos que la propiedad peculiar y exclusiva de la voluntad es la libertad, por ella, cada hombre ejerce el dominio de sus obras, dispone de sí mismo, se autodetermina. Caracterizada de este modo, sería una libertad que permitiría todos los delitos, pero la libertad nunca es indiferente al bien y al mal, esto es, la libertad es un bien integral del sujeto. La voluntad siempre desea el bien, no puede querer nada que no sea bueno. Cuando elige el mal lo hace siempre por el bien, no es posible elegir el mal en sí mismo y por sí mismo. Así, toda persona humana, por estar creada a imagen y semejanza de Dios, por tener consiguientemente inteligencia y voluntad libre y, por ende, por tener como fin último a Dios, tiene una dignidad natural que debe ser siempre respetada, independientemente del origen étnico, de la cultura, la posición social o el grado de virtud que cada persona posea. La dignidad humana se deriva de su condición de criatura creada por Dios.

La dignidad del ser humano se revela en su ser personal, y en la conquista de la personalidad.

Tomás reconoce el máximo nivel del ser en la persona, pero no se puede reducir todo su sistema a la persona. En la persona logra el

---

[116] G. Zanotti (2002). *Op. cit.*, p. 17.

[117] *Ibidem,* p. 17.

ser su dignidad como expresión más alta, en ella se realiza un modo de ser, pero, el ser como tal, al cual está abierta la inteligencia, rebasa ese horizonte. Tomás es el pensador del ser en todas sus dimensiones, entre las cuales está la condición personal humana.[118]

Esta es, en suma, la novedad cristiana: la primacía del hombre como imagen de Dios, realizada en plenitud en Jesucristo y llamada al desarrollo en todo sujeto humano creado para salvarse. A esa novedad se añade la lectura del ser personal de Tomás de Aquino, desde la inteligencia que descubre la verdad de los entes, y el de la fe que ha iluminado al hombre, y la concreción de Jesús de Nazaret, de su misma naturaleza corpórea, en divinidad hecha carne.

Este camino del ser personal, continúa de forma ejemplar con Juan Pablo II, promotor del nuevo humanismo, digno, personal, cristiano. Esta labor toma rumbo pragmático aplicado a las nuevas tecnologías y el pensamiento postmoderno, con Elio Sgreccia.

2.4.2. La influencia de santo Tomás de Aquino en Sgreccia

2.4.2.1. Santo Tomás de Aquino y Sgreccia: fundamentación ontológica de la persona, la ley natural y los principios de la bioética. El personalismo ontológico

Para Elio Sgreccia solamente existe un procedimiento que nos permita enfrentarnos a los graves problemas que surgen en la bioética, esto es, a través de la creación de un esquema moral que se sustente en una ontología, como el único modo de evitar reduccionismo ideológicos y biologicistas. Con su personalismo ontológico, ofrece una visión integral del ser humano, sin caer en un individualismo subjetivista y permite el diálogo con un mundo plural; las fuentes del mencionado personalismo ontológico se encuentran en santo Tomás de

---

[118] A. Lobato (n.d.). *Op. cit.*

Aquino y se enriquece con las contribuciones de autores modernos, como Maritain, Schotsmans, Juan Pablo II, Habermas, entre otros.

Como indica el propio Sgreccia:

> Ésta es la cuestión: volver a encontrar la dignidad del hombre, de todo hombre en cuanto portador del valor de persona, valor trascendente sobre la realidad terrena, fuente y fin de la vida social, bien sobre el que converge el universo (santo Tomás de Aquino califica a la persona *quod es perfectissimum in rerum natura*), bien que no puede ser instrumentalizado por ningún otro interés de quien sea (como recuerda también la mejor tradición de la moral laica a partir de Kant). En esta dignidad de persona la tradición bíblica ve "la imagen y semejanza" con el Creador, y en el cristianismo en particular encuentra la identificación con Cristo mismo ("Estaba enfermo y me visitasteis", Mateo 25). Se trata de salvar a la vez el concepto de humanidad y el fundamento de la moralidad, respetando la vida y la dignidad de la persona humana.[119]

Mounier nos dice: "Llamamos personalismo a toda doctrina y a toda civilización que afirma el primado de la persona humana sobre las necesidades materiales y sobre los mecanismos colectivos que sustentan su desarrollo".[120] Pero, como señala Sgreccia, en su *Manual de bioética*, para sustentar un proyecto ético válido que consolide la cultura de la vida, la respuesta solamente se puede encontrar en el personalismo ontológico, inspirado desde la doctrina de Tomás de Aquino. No son válidos, por ejemplo, personalismos como el relacional, que señala el valor de la subjetividad y de la relación intersubjetiva, o el hermenéutico, que acentúa el papel de la conciencia subjetiva al interpretar la realidad.[121]

Sin negar la importancia de los planteamientos de estos otros personalismos, Sgreccia les reprocha, en primer lugar, el predominio de la perspectiva ética y su carencia de cualquier fundamentación

---

[119] E. Sgreccia (3 de septiembre de 2004), "La eutanasia en Holanda: ¡también para niños!", en *L'Osservatore Romano*.

[120] E. Mounier (1996). *Manifiesto al servicio del personalismo*. Madrid: Taurus, p. 72.

[121] E. Sgreccia (2009a). *Op. cit.*, p. 70.

ontológica de la persona. Para nuestro autor, solamente desde el significado ontológico encontraremos que "el fundamento de la misma subjetividad estriba en una existencia y una esencia constituida en la unidad cuerpo-espíritu".[122] Asimismo, pone de manifiesto la imprecisión del personalismo, al ser su movimiento, la consecuencia de síntesis de otras corrientes filosóficas que nacieron a finales del siglo xix y comienzos del xx (marxismo, fenomenología, existencialismo, etc.), y que de una forma u otra marcaron la historia de la filosofía.

Es necesario, por ello, desarrollar la estructura ontológica de la persona para fundamentar los principios éticos, que Sgreccia define así: "La persona es ante todo un cuerpo espiritualizado, *un espíritu encarnado* [las itálicas son nuestras], que vale por lo que es y no sólo por las opciones que lleva a cabo",[123] partiendo de las doctrinas de santo Tomás. La persona constituye una unidad orgánica existencial, integral, global y biológica, por ello mismo hay que exigir que la vida humana sea respetada. Esta unidad ontológica, el ser humano, es definida por Sgreccia, siguiendo a santo Tomás, en el sentido de que "el alma está unida al cuerpo *substancialmente* y no accidentalmente en cuanto coprincipio de la persona, por ser el alma forma sustancial del cuerpo. Esto implica que el cuerpo es humano porque está animado por un alma espiritual".[124] En su singularidad, la corporeidad define la vida biológica del hombre, con sus características propias, pero no define ontológicamente al hombre, ya que el cuerpo no tiene un acto existencial propio, sino que existe gracias al acto existencial propio del espíritu.[125] De esta forma, se evita caer en el dualismo antropológico que el pensamiento filosófico arrastra desde los planteamientos

---

[122] *Ibidem*, p. 70.

[123] E. Sgreccia (2009a). *Op. cit.*, p. 72.

[124] *Ibidem*, p. 144.

[125] E. Sgreccia (1997a). *La persona y el respeto de la vida humana: El Primado de la persona en la moral contemporánea*. XVII Simposio Internacional de Teología de la Universidad de Navarra. Servicio de Publicaciones de la Universidad de Navarra, p. 409.

platónicos, que aparecen, por ejemplo en *Fedón*[126] y *República*,[127] entre otros diálogos, o la posición cartesiana que presenta en el *Discurso del método* el alma como una sustancia cuya esencia y naturaleza total no consiste más que en pensar, y que para existir no tiene necesidad de lugar ninguno, ni depende de ninguna cosa material.[128] Pero esto es superado por santo Tomás al afirmar que el cuerpo y el alma, de hecho, "no son dos substancias existentes en acto, pero de ellos resulta una sola substancia existente en acto, porque el cuerpo del hombre no es idéntico en acto cuando es animado o inanimado, sino que es el alma aquel que lo hace ser en acto".[129] Esta unicidad hace que santo Tomás se aleje de Aristóteles.

Como hemos indicado, el paradigma tomista es metafísico, dentro de la tradición aristotélica de Boecio, y se encamina hacia el orden del ser entendido como acto. La fórmula clásica de Boecio define la persona como *individua substantia rationalis naturae*,[130] se afirma la substancionalidad de la persona (aquello que existe por sí mismo y no en otro). Como indica el Aquinate, "el ente personal es dueño de sí, motivo por el que los singulares de naturaleza racional tienen entre las demás sustancias un nombre especial: persona". En consecuencia, únicamente puede ser llamada persona, *el individuo subsistente poseedor de la naturaleza racional*.[131]

Esto, como señala Sgreccia, no es negar las actividades físicas o biológicas que realiza el ser humano, ni las otras actividades inmateriales, como la reflexión, elegir libremente, amar, la autoconciencia… Precisamente de ellas surge la capacidad dialógica de la persona con el mundo, con los otros y consigo mismo. Es, precisamente, la

---

[126] Cfr. Platón, *Fedón*, 66b-e.

[127] Cfr. Platón, *República*, 2.375 a11-b2.

[128] Cfr. R. Descartes (2005). *Discurso del método y Meditaciones metafísicas*. Madrid: Tecnos, pp. 95-96.

[129] Tomás de Aquino, *Summa contra gentiles*, II, cap. 69.

[130] Véase nota 116.

[131] *Ibidem*, IV, cap. 38.

substancialidad, la raíz ontológica del ser humano la que proporciona el respeto a la vida física y al cuerpo, ya que son un todo ontológico. Por ello, Sgreccia, apoyándose en santo Tomás, dignifica el cuerpo humano en su significación personal, al ser "la encarnación espacio-temporal del espíritu, poniendo al espíritu en relación con el mundo y con las demás personas".[132] Reivindica la corporalidad como un dato fundamental de la persona y, en consecuencia, de esa unidad sustancial se revaloriza la vida humana, tan menospreciada por los reduccionistas, y se reunifica frente a los tecnólogos la integridad de la vida y del cuerpo.

Frente a una frágil concepción de la persona fruto del psicologismo, utilitarismo, inmanentismo... que en el fondo no son capaces de encontrar respuestas justificadas a los interrogantes de la bioética, Sgreccia, inspirado por santo Tomás de Aquino, propone un personalismo ontológico donde constituir la fundamentación ontológica de la persona, que no la reduce a intereses económicos, sociales, o de modas ni a ideologías reduccionistas.

Sgreccia defiende el valor fundamental de la vida humana, entendiendo el cuerpo, justamente gracias al personalismo ontológico, como algo propio e intrínseco a la persona que se realiza en el tiempo y en el espacio, permitiendo la expresión de otros valores esenciales, como la libertad o la sociabilidad para el hombre. Pero, siempre teniendo en cuenta que la persona no se agota en su cuerpo, ya que se trata de una unidad substancial, como indica santo Tomás: *Omne individuum rationalis naturae dicitur persona*,[133] resultando intolerable cualquier atentando contra la integridad física del individuo desde su concepción hasta su muerte.

Frente a la doctrina promulgada por diferentes sectores de la bioética donde se aplica la máxima: "Todo vale en la búsqueda de un mayor beneficio", podemos encontrar el término "beneficio",

---

[132] E. Sgreccia (2009a). *Op. cit.*, p. 150.

[133] Tomás de Aquino, *Summa Theologiae*, I, q. 29, a. 3, ad. 2.

asociado tanto a la humanidad, como al beneficio económico o al beneficio de unos pocos. Sgreccia afirmará, junto al Aquinate, que un acto malo bajo algún aspecto es total y absolutamente malo, o sea, que no posee ninguna bondad formal, aunque material o físicamente pueda considerarse bueno bajo otros aspectos.

Por el contrario, el bien consistirá en el respeto y en la realización de la plena dignidad de la persona, *bonum perfectum et completivum*.[134]

Como indica Lukac, "Hacer el bien y evitar el mal" es el primer enunciado de la ley natural que conlleva inmediatamente la aplicación del respeto del bien de la persona y, sobre todo, de su existencia corpórea.[135]

2.4.2.2. La ley natural y los principios de la bioética

Los llamados principios propuestos por la bioética anglosajona han sido definidos por la profesora Lukac como pseudoprincipios, en los que lo primero que llama la atención es la desconexión entre ellos y el bien objetivo.[136] Así, afirma: "En los mencionados principios no hay referencia alguna a un criterio objetivo de lo bueno y lo malo porque, al quedar todo procedimiento subordinado al consenso, la subjetividad se impone como fuente primera de legitimación moral".[137] Asimismo, como muestra Vallejo, estos principios se "traducen a normas particulares, lo que se denomina especificación y al contrario, recurre

---

[134] *Ibidem*, I-II, q. 1 a. 5c.

[135] E. Sgreccia (1997a). *Op. cit.*, p. 416.

[136] M.L. Lukac de Stier (2005). "El humanismo personalista en bioética", en *L'umanesimo cristiano nel III Millennio: La prospettiva di Tommaso d'Aquino*. Atti del Congresso Internazionale della Pontificia Academia Sancti Thomae Aquinatis e Società Internazionale Tommaso d'Aquino, vol. II. Vaticano, p. 762.

[137] M.L. Lukac de Stier (2005). *Op. cit.*, p. 763.

a ponderación, así se destaca cuál principio se deberá usar en determinada situación".[138]

Con ello, todos los graves problemas que pueda presentar la bioética se resuelven de forma consecuencialista, buscando el mayor beneficio, es decir, una mayor utilidad para determinados intereses que no tienen por qué coincidir con la dignidad de la persona y que se basarían, simplemente, en valoraciones empíricas. En consecuencia, carecerían de universalidad.

Frente a estos supuestos, la propuesta de Elio Sgreccia combina la práctica con la fundamentación filosófica y es, a través de ella, donde se ve su personalismo ontológico y cómo llega a la objetividad. De este modo, puede considerar sus principios como universales. Esto implica, siguiendo al escolástico Francisco de Vitoria, que existe un derecho que conviene a la naturaleza humana, derecho que emana de la ley eterna, que puede ser conocido por la razón natural. Y, por lo tanto, para que una ley sea justa no basta la voluntad del legislador, sino que es preciso que esté ordenada al bien común. Si el derecho de gentes se deriva del natural y participa de la racionalidad y de la universalidad de éste, se opone frontalmente al positivismo jurídico y al exclusivismo del Estado.[139]

Santo Tomás de Aquino nos dice que "la ley es la ordenación de la razón al bien común, promulgada por quien tiene el cuidado de la comunidad".[140] También nos enseña que "la promulgación de la ley natural consiste en el hecho mismo de que Dios la implantó en las mentes de los hombres para que así la pudieran conocer naturalmente".[141]

La ley eterna es fundamento de la ley natural y permite al hombre discriminar lo bueno de lo malo y sobre la que se apoya el derecho natural. El *ius gentium* resulta de la adaptación de los principios

---

[138] J.D. Vallejo (2013). "La ley natural en santo Tomás de Aquino: una lectura para la comprensión y el análisis de los principios en bioética", en *Kénosis*, 1(1), p. 123.

[139] Cfr. F. de Vitoria, *De iustitia*, q. 57, a. 3, n. 2.

[140] Tomás de Aquino, *Summa Theologica*, I-II, q. 1, a. 2.

[141] *Ibidem*, I-II; q. 90, a. 4. ad. 1.

de la ley natural a las circunstancias concretas de las diversas comunidades humanas. Así lo expresa el propio Elio Sgreccia, cuando afirma que la dignidad de la vida física depende de su unión con el espíritu, por lo que la vida constituye al hombre ontológicamente, ya que es la existencia corpórea de la persona y que "La vida humana posee esta hondura ontológica gracias al espíritu que la caracteriza, y esto nos permite afirmar su trascendencia, pero no es suficiente para poder establecer el motivo que fundamenta el deber ético de defenderla y de respetarla".[142]

> La ley moral natural, intrínseca a la misma racionalidad, es la instancia que llama a cada hombre concreto, a cada persona, a realizar el bien de la persona a través de su autodeterminación. [...] Se trata del respeto a cada persona en su existencia, en su dignidad, aquella dignidad propia de la persona en cuanto espíritu encarnado abierto a la trascendencia y al amor oblativo hacia los demás y hacia el Otro. La realización de la plenitud de su ser: este es el bien de la persona.[143]

Como vemos, resultan esenciales las doctrinas de santo Tomás de Aquino para formular el personalismo ontológico; inspirándose en las mismas, Sgreccia da forma a su antropología filosófica y fundamenta los principios bioéticos que deben regir dicha especialidad. Además, consigue una eficaz defensa de la persona humana y una amplia capacidad argumentativa, extendiendo su análisis no exclusivamente a las cuestiones como la vida y la muerte, sino siendo capaz de afrontar la mayoría de los problemas bioéticos.

---

[142] E. Sgreccia (1997a). *Op. cit.*, p. 414.

[143] *Ibidem*, pp. 415-416.

2.5. Aproximación a Emmanuel Mounier

2.5.1. El concepto de persona en Mounier

En Mounier observamos un rechazo a la definición boeciana de la persona. Los elementos históricos que han marcado a Mounier han sido la primera Guerra Mundial, la Revolución rusa, el famoso *crac* de Wall Street, la guerra civil española y el nacional socialismo de Hitler. Estas situaciones han creado un clima de abandono y desesperanza en el ser humano. Mounier con su filosofía personalista buscará reivindicar "la dignidad de la persona, en el campo ontológico, gnoseológico, moral o social, contra las negaciones materialistas o inmanentistas.[144]

Mounier expresa:

> Una persona es un ser espiritual constituido como tal por una forma de subsistencia mediante su adhesión a una jerarquía de valores libremente adoptados, asimilados y vividos por un compromiso responsable y una constante conversión; de este modo unifica toda su actividad en la libertad, desarrollando, además, a fuerza de actos creadores, lo singular de su vocación.[145]

Mounier utiliza la expresión "existencia encarnada" para explicar la unidad entre cuerpo y espíritu. Si se olvida esto, se llega a la despersonalización, lo cual se traduce inevitablemente como deshumanización.

Para Mounier, el espíritu es el que anida el pensamiento y el cuerpo quien lleva el pensamiento a su manifestación: "No puedo pensar sin ser, ni ser sin mi cuerpo: yo estoy *expuesto* por él, a mí mismo, al mundo, a los otros; por él escapo de la soledad de un pensamiento que no sería más que pensamiento de mi pensamiento".[146]

---

[144] E. Mounier (1996). *Op. cit.*, p. 10.

[145] *Ibidem*, p. 76.

[146] E. Mounier (1972). *El personalismo*. Buenos Aires: Eudeba, p. 16.

Podemos decir, entonces, que la existencia objetiva del cuerpo, y las experiencias subjetivas del espíritu, ponen en el escenario de la vida a la persona, en el mundo real.

Según Mounier, el sentido de vocación moral es posible solamente en una comunidad. Para él, la persona y la vocación son posibles "sólo en su sin igual obediencia al orden de Dios, el cual es llamado 'amor al prójimo'". Amar a otros involucra las relaciones interpersonales y la interacción comunitaria, cuyo resultado es "reconciliar al hombre a sí mismo, exaltarle y transfigurarle". Esto deja al hombre abierto a experiencias y a la trascendencia, que no están disponibles al individuo aislado.[147]

El personalismo de Mounier es contrario a considerar a los hombres "en serie", ya que cada persona es un sujeto singular, dotado de dignidad sagrada, y autónomo. El hombre no es un "objeto sumamente perfecto", sino que es "persona humana". Para Mounier, la Encarnación del Verbo ha dotado al ser humano de una dignidad excelsa.[148]

Mounier culmina sus pensamientos con el Manifiesto Personalista, dirigido contra la ideología sociopolítica de su tiempo, formulando su doctrina personalista, que pone énfasis en la persona humana dentro del desenvolvimiento de las sociedades organizadas, como Estados y naciones. En dicho manifiesto, Emmanuel Mounier hace un esbozo de educación personalista, especificando que la educación no tiene por finalidad el modelar el niño al conformismo, que la actividad de la persona es libertad y que su educación no puede ser totalitaria, y que el niño debe ser educado como una persona por las vías de la prueba personal y el aprendizaje del libre compromiso.

Mounier afirma que la persona es vocación:

Esta unificación progresiva de todos mis actos, y mediante ellos, de mis personajes o de mis situaciones. Es el acto propio de la persona.

---

[147] *Ibidem*, p. 17.

[148] *Ibidem*, pp. 29-30.

> No es una unificación sistemática y abstracta, es el desenvolvimiento progresivo de un principio espiritual de vida, que no reduce lo que integra, sino que lo salva, lo realiza al recrearlo desde el interior. Este principio creador es lo que llamamos en cada persona su vocación, que no tiene valor primario el ser singular, porque, aunque caracterizándole de manera única, acerca al hombre a la humanidad de todos los hombres. Pero, al mismo tiempo que unificadora, es singular por añadidura. El fin de la persona le es así, en cierto modo, interior: es la búsqueda ininterrumpida de esta vocación.[149]

Para Mounier, la vocación es apertura, siempre en búsqueda de una "unidad presentida, deseada y jamás realizada".[150]

Por último, el hombre es comunión/comunicación. Mounier escribe que "el primer cuidado del personalismo es descentrarlo para establecerlo en las perspectivas abiertas de la persona".[151] Aparece aquí el otro, los otros, quienes están llamados a suscitar "una sociedad de personas cuyas estructuras, costumbres, sentimientos y finalmente instituciones sean marcados por su naturaleza de personas".[152] El fin es claro, el todo al servicio de la persona y ésta es en la medida en que se relaciona con los otros. La comunión es, según Mounier, parte imprescindible de nuestra existencia personal, inserta en el corazón mismo de la persona.

La filosofía de Mounier es a la vez, personalista y cristiana. La persona en el centro de su quehacer es intelectual y es espiritual trascendente y sobrenatural. Decir persona humana es suponer un creador. Para Mounier el amor y la apertura al otro implica el amor y la apertura para consigo mismo y con Dios.[153]

> Para el cristiano no hay ni ciudadanos ni bárbaros, ni amos ni esclavos, ni judíos ni gentiles, ni blancos ni negros, sino hombres, creados

---

[149] E. Mounier (1996). *Op. cit.*, pp. 78-79.

[150] E. Mounier (1972). *Op. cit.*, p. 29.

[151] *Ibidem*, p. 20.

[152] *Ibidem*, p. 21.

[153] E.A. Anaya (1990). "El personalismo cristiano de Emmanuel Mounier, un capítulo de filosofía contemporánea", en *Revista de filosofía de la Universidad de Costa Rica*, 28(67-68), p. 139.

todos a imagen de Dios y llamados todos a la salvación por Cristo. La idea de un género humano con una historia y un destino colectivos del que no puede ser separado ningún destino individual, es una idea maestra de los Padres de la Iglesia. Laicizada, anima el cosmopolitismo del siglo xviii y luego el marxismo. Se opone a la hipótesis de una discontinuidad absoluta entre las libertades (Sartre) o entre las civilizaciones (Marraux, Frobenius). Se opone a todas las formas de racismo y de castas, a la eliminación de los anormales, al desprecio del extranjero, a la negación totalitaria del adversario político y, en general, a la fabricación de réprobos: un hombre, aun diferente, aun envilecido, sigue siendo un hombre a quien debemos permitir que prosiga una vida humana.[154]

Sin embargo, existen autores que afirman que la filosofía de Mounier carece de la solidez necesaria en la actualidad. Tal y como explica Juan Manuel Burgos, presidente de la Asociación Española de Personalismo:

Los escritos de Mounier, en efecto, poseen una gran capacidad magnética y motivadora pero su alcance filosófico es limitado porque Mounier, inicialmente, se centró en la gestación del movimiento y, cuando sus escritos estaban adoptando un sesgo mucho más filosófico, murió prematuramente a los 45 años. En ese sentido, si bien Mounier tiene el indudable mérito de haber lanzado el movimiento personalista, carece de la suficiente solidez para fundar en él una filosofía consistente como la que parece necesaria en el momento presente.[155]

2.5.2. La influencia de Mounier en Elio Sgreccia

Elio Sgreccia optó por el personalismo ontológico al encontrar que los demás personalismos adolecen de subjetivismo y un cierto relativismo.[156]

---

[154] E. Mounier (1972). *Op. cit.*, p. 25.

[155] J.M. Burgos (2013). "¿Qué es la bioética personalista? Un análisis de su especificidad y de sus fundamentos teóricos", en *Cuadernos de Bioética*, XXIV(80), p. 23.

[156] E. Sgreccia (2001). "La bioética personalista", en *Vida y Ética*, 2(2), p. 8.

En la introducción de la tercera edición de su *Manual de bioética* comenta que para fundamentar su obra tuvo que adoptar una antropología de referencia y que optó por la personalista, "desarrollada en el cauce del pensamiento clásico patrístico, hecha suya por Tomás de Aquino y revitalizada continuamente por pensadores de gran relevancia como J. Maritain, E. Mounier, E. Gilson, G. Capograssi, A. Gemelli y algunos otros, que de la fuerza de la razón —no desvirtuada, sino sustentada por la fe cristiana— obtuvieron los criterios de valoración ética".[157] Esta lista de autores de referencia ya no se incluye en la cuarta edición de su *Manual*.

Este mismo aspecto ha sido escrito por Sgreccia en un artículo publicado en 2004 en la revista *Neurorehabilitation*: "(…) starting from the concept of the human person, as it has been described in relation to the philosophical-theological thought of Thomas Aquinas and other more recent personalists" (J. Maritain, E. Mounier, E. Gilson, S. Vanni Rovighi).[158]

En la actual edición (cuarta) de su *Manual de bioética*, las referencias directas a Mounier son muy escasas, en concreto una en al capítulo III y otra en el capítulo IV. Sin embargo, a lo largo de todo el texto, se aprecia claramente la influencia y coincidencia en aspectos fundamentales.

Elio Sgreccia afirma, con respecto al valor objetivo de la dignidad de la persona, a su estructura ontológica que "el primer aspecto que se debe poner de relieve es el carácter espiritual, intelectivo y moral de la persona: la persona es unidad de espíritu y cuerpo",[159] lo que está en concordancia con el pensamiento de Mounier sobre la unidad de cuerpo y espíritu que él refleja con la expresión "existencia encarnada", como se expuso en el apartado enterior. A este respecto, Sgreccia reivindica la concepción ontológica de la persona; ésta va

---

[157] E. Sgreccia (2007a). *Op. cit.*, p. 10.

[158] E. Sgreccia (2004). "Vegetative state and brain death: Philosophical and ethical issues from a personalistic view", en *Neurorehabilitation* (19), p. 361.

[159] E. Sgreccia (2009a). *Op. cit.*, p. 135.

mucho más allá de ser definida solamente como autoconciencia, obviando la corporeidad y la subjetividad global. Sostiene que no es posible desvincular a la persona de su propia corporeidad y que no se deviene persona solamente por haber alcanzado suficiente grado de autonomía, de competencia comunicativa o de actividad consciente.

2.6. El pensamiento de Jacques Maritain

2.6.1. Noción individuo y persona en Maritain

Maritain construye una perspectiva personalista y comunitaria de la sociedad a partir de la substancialidad de la persona, acompañada de su dimensión relacional, punto clave de su antropología. Según este autor, el individuo/persona tiene capacidad de autoconciencia, autodeterminación y diálogo, lo que lleva a que la subsistencia de cada ser viviente devenga en sujetividad.[160]

Maritain distingue entre individuo y persona. Describe la individualidad como "aquello que excluye de uno mismo a todos los demás hombres" y como "la menosterosidad del ego, incesantemente amenazada y siempre dispuesta a acaparar para sí" (*La persone et le bien commun*).

La personalidad es la subsistencia del alma espiritual en cuanto comunicada al compuesto ser humano y que se caracteriza por el autodonarse en la libertad y el amor. El individuo subordina al ser humano al grupo social, pero la persona trasciende la vida social.[161]

Analiza el concepto de persona, no sólo como principio ontológico, sino también ético y político, como fundamento del orden social. Para él, hay sociedades que no toman al hombre en cuenta como

---

[160] S. Fernández (n.d.). Jacques Maritain, filósofo de la persona [*Online*] Jacques Maritain. Instituto Argentino. Disponible en http://www.maritainargentina.org.ar/jacques/filosofopersona. html (consultado el 10 de agosto de 2014).

[161] S. Fernández (n.d.). *Op. cit.*

persona y le consideran simplemente como individuo, como sucede en el individualismo capitalista o, por el contrario, que sobrestiman tanto lo universal que los particulares se han de subordinar por completo como en los totalitarismos.

Maritain, al igual que Mounier, afirma que la idea de persona se funda en la unidad entre espíritu y materia y que "el acto de conocer, de la inteligencia humana no es un juego subjetivo, sino un acto puesto a la inteligencia divina, que es la causa y medida de las cosas. La verdad de nuestra inteligencia humana es causada y medida por la realidad".[162] Según Maritain, aunque la ciencia construye *entia rationis* que posee valor pragmático, está inspirada por un deseo de conocer la realidad y que la ciencia misma da origen a "problemas que van más allá del análisis matemático de los fenómenos sensibles".[163]

Maritain afirma que "desde el punto de vista filosófico la noción principal sobre la que nos importa insistir aquí es la noción de persona. El hombre es una persona que se gobierna a sí misma por su inteligencia y su voluntad. El hombre no existe simplemente como ser físico. Posee en sí una existencia más rica y más noble, la sobre existencia espiritual propia del conocimiento y del amor".[164]

2.6.2. La influencia de Maritain en Elio Sgreccia

Maritain constituye uno de los autores personalistas más citados por Elio Sgreccia, tanto en su célebre *Manual de bioética*, como en los numerosos documentos y artículos escritos por él.

En su *Manual* Sgreccia afirma que "en el hombre, la personalidad subsiste en la individualidad constituida por un cuerpo animado y estructurado por un espíritu",[165] apoyándose, entre otros, en las lec-

---

[162] *Ibidem.*

[163] J. Maritain (1947). *Los grados del saber.* Tomo I. Argentina: DDB, p. 6.

[164] J. Maritain (1965). *La educación en este momento crucial.* Buenos Aires: Desclée de Brouwer, p. 18.

[165] E. Sgreccia (2009a). *Op. cit.,* p. 71.

ciones sobre las nociones primeras de la filosofía moral de Maritain. De igual modo, se apoya en él, entre otros, para profundizar sobre el problema filosófico del hombre.[166]

Con respecto a la filosofía de la evolución de la vida, Sgreccia escribe:

> La posición de Tomás [de Aquino] parece sugerir que la evolución de la vida se termina con el hombre. Desde esta perspectiva lo interpreta J. Maritain en un estudio en el que adelanta la hipótesis de que la evolución de la vida se ha cumplido con la aparición de la especie humana. Aunque la evolución termine con el hombre, esto no implica que se acabe en cualquier otra forma de evolución concerniente a niveles inferiores de vida.[167]

En el capítulo dedicado a la persona humana y su cuerpo, Sgreccia recurre a Maritain al igual que a otros autores como Tomás de Aquino, Vanni Rovighi, Locatelli, etc. para recordar y profundizar en los argumentos relativos a la espiritualidad cuerpo-espíritu.[168] Este mismo tema, relativo al valor de la corporeidad, ha sido tratado por Sgreccia en el documento "La bioetica personalista: principi fondamentali".[169] En él escribe: Non esaurisce la pienezza dei valori della persona: lo spirito contiene il corpo e lo informa —lo anima— ma nello stesso tempo lo travalica, lo tracende, da un punto di vista ontologico e qualitativo" (no agota la plenitud de los valores de la persona: el espíritu contiene el cuerpo y le informa —lo anima— pero al mismo tiempo lo sobrepasa y lo trasciende, desde un punto de vista ontológico y cualitativo). De igual modo, una vez más, Sgreccia recurre a Maritain para explicar el valor de la corporeidad de la persona.

---

[166] *Ibidem*, p. 97.

[167] *Ibidem*, p. 110.

[168] *Ibidem*, pp. 135-138.

[169] E. Sgreccia (n.d.). *La bioetica personalista: principi fondamentali*. Ufficio per la Pastorale della Salute. Venezia (*Online*). Disponible en http://www.pastoralesalutevenezia.it/s2ewdiocesivenezia/allegati/1546/3-bioetica_personalista.pdf (consultado el 14 de agosto de 2014).

Se trata, en suma, del personalismo ontológico referido a Tomás de Aquino y continuado por Maritain.

2.7. Karol Wojtyla y el principio personalista

Afirma Juan Manuel Burgos:

> Resulta especialmente central una observación que realiza Karol Wojtyla a la ética tomista en un texto de 1961, el personalismo tomista, y que constituye el marco de fondo que alimenta su renovación personalista y fenomenológica: la necesidad de incorporar la dimensión subjetiva a la ética asumiendo la transformación conceptual que ello conlleva.[170]

Wojtyta afirma que la concepción de la persona que encontramos en santo Tomás es objetivista, ya que la persona es un sujeto particularísimo de la existencia y de la acción, pues posee subsistencia en la naturaleza racional y es capaz de conciencia y de autoconciencia. En santo Tomás vemos muy bien la persona en su existencia y acción objetivas, pero es difícil vislumbrar allí las experiencias vividas de la persona.[171]

> Su posición filosófica puede definirse como
>
> una fusión orgánica de ambas [tradición fenomenológica y tomismo] desde una perspectiva personalista que tiene, a su vez, dos fuentes diversas. La primera es la experiencia personal (uno de los elementos recurrentes de su pensamiento). "Mi concepto de persona, 'única' en su identidad, y del hombre, como tal, centro del universo, nació de la experiencia y de la comunicación con los demás

---

[170] J.M. Burgos (2007). "Karol Wojtyła", en F. Fernández Labastida y J.A. Mercado (eds.), Philosophica: Enciclopedia filosófica [*Online*]. Disponible en http://www.philosophica.info/archivo/2007/voces/wojtyla/Wojtyla.html (consultado el 14 de agosto de 2014).

[171] K. Wojtyla (1961). "El personalismo tomista", en *Mi visión del hombre*. 5ª ed. (2005). Madrid: Palabra, pp. 311-312. Citado por Burgos, J.M. (2007). *Op. cit.*

en mayor medida que de la lectura". La segunda es la filosófica: el personalismo recibido a través de Mounier, Maritain y otros.[172]

El mismo Karol Wojtyla afirmaba que debe mucho a su tesis sobre Scheler,[173] que le permitía introducirse en el método fenomenológico. Wojtyla "elaboró el concepto de norma personalista". El hedonismo utilitarista admite que el hombre y la mujer puedan "usarse" recíprocamente si esto les proporciona placer sexual. Wojtyła apela al principio kantiano de no instrumentalización del sujeto, elevándolo en una regla positiva de inspiración cristiana: sostiene que "la persona es un bien tal que sólo el amor puede dictar la actitud apropiada y valedera respecto de ella".[174]

Podemos decir que Wojtyla propuso el "principio personalista"[175] a partir de una de las formulaciones del imperativo categórico de Kant,[176] que nos recuerda que la persona nunca debe ser utilizada como un medio, sino siempre como un fin en sí mismo.[177]

Efectivamente, Kant planteó el deber moral de respetar a la persona por sí misma, en consecuencia, el concepto de persona pasó a ser central en la fundamentación de los derechos humanos, sustentado desde la filosofía kantiana.[178]

---

[172] J.M. Burgos (2007). *Op. cit.*

[173] K. Wojtyla (1982). *Max Scheler y la ética cristiana*. Madrid: BAC.

[174] Burgos, J.M. (2007). *Op. cit.*

[175] Cfr. K. Wojtyla (1998). *Op. cit.*; K. Wojtyla (1997). *Op. cit.*, y K. Wojtyla (1982). *Op. cit.*

[176] El imperativo categórico se opone al imperativo hipotético que no vale más que a condición de querer alcanzar un deterrminado fin, es decir, tendría un carácter técnico o pragmático. En cambio, el imperativo categórico exige acciones que no son buenas en relación a otra cosa, sino que son cosas buenas en sí.

[177] I. Kant (1996). *Op. cit.*

[178] P. Taboada (2008). *Op. cit.*, p. 76. Para Kant, el valor moral de una acción no radica en algún fin o propósito a conseguir, sino en el móvil que determina su realización, cuando este móvil es el deber: "Una acción hecha por deber tiene su valor moral, no en el propósito que por medio de ella se quiera alcanzar, sino en la máxima por la cual ha sido resuelta: no depende, pues, de la realidad del objeto de la acción, sino meramente del principio del querer", I. Kant (1996). *Op. cit.*, p. 39.

2.7.1. Karol Wojtyla y la bioética

Wojtyla, en la encíclica *Evangelium vitae* se congratula con la aparición de esa nueva disciplina, la bioética, y expresa: "Con el nacimiento y desarrollo cada vez más extendido de la bioética se favorece la reflexión y el diálogo —entre creyentes y no creyentes, así como entre creyentes de diversas religiones— sobre problemas éticos, incluso fundamentales, que afectan a la vida del hombre".[179]

Asimismo, Wojtyla en su discurso, en el Congreso de Bioética en 1996, señaló:

La bioética, situada en la encrucijada de grandes realidades humanas, como la persona, la familia, la justicia social y la defensa del ambiente, sabe que debe afrontar cuestiones que afectan a las mismas fronteras de la vida, para garantizar el respeto a la naturaleza según las exigencias éticas de una cultura humanista. Sirviéndose de las necesarias aportaciones de las disciplinas jurídicas, socioeconómicas y ambientales y, sobre todo, de la antropología, tiene el deber de indicar al mundo de la medicina, de la política, de la economía, y a la sociedad en su conjunto, la orientación moral que se ha de imprimir a la actividad humana y al proyecto del futuro.[180]

De igual modo, manifestaba:

Las ciencias médicas han de abrirse a las orientaciones estudiadas por las ciencias jurídicas y ambas han de mantenerse a la escucha de la reflexión filosófica. Quienes trabajan en este delicado sector no deben temer la verdad sobre el hombre que la Iglesia, por mandato de Cristo, proclama incansablemente. El reconocimiento de Cristo, como modelo de humanidad, a cuya luz se esclarece el misterio del hombre, no puede mermar la autonomía de las ciencias biológicas, sino precisamente ayudar a fundamentar el discurso bioético. Tal fundamentación antropológica, aceptada y reforzada por la fe

---

[179] Juan Pablo II (25 de marzo de 1995). Carta Encíclica *Evangelium vitae* sobre el valor y el carácter inviolable de la vida humana. 27: AAS 87 (1995).

[180] Juan Pablo II (1996). La dimensión ética de la investigación en el ámbito de la Bioética, ligada al respeto a la dignidad de la vida humana. Discurso de bienvenida a los participantes en un Congreso Internacional de Bioética, promovido por el Instituto de Bioética de la Universidad Católica del Sacro Cuore, 17 de febrero de 1996.

cristiana, ayudará a articular el discurso bioético no sobre el relativismo o el utilitarismo convencional, sino sobre la objetividad de la realidad última de lo humano.[181]

Del mismo modo, afirmaba en un discurso a la Academia de la Vida cuando celebraba su congreso dedicado a la naturaleza y dignidad de la persona humana como fundamento del derecho a la vida: "Habéis elegido tratar uno de los puntos esenciales que constituyen el fundamento de toda reflexión ulterior, tanto de tipo ético-aplicativo en el campo de la bioética como de tipo sociocultural para la promoción de una nueva mentalidad en favor de la vida".[182]

2.7.2. Karol Wojtyla y Elio Sgreccia

En esta introducción que declara mi temblor e insuficiencia a la hora de afrontar el tema, no puedo dejar de manifestar también mi personal emoción, habiendo vivido espiritualmente cercano al Santo Padre en los momentos comprometidos de este Magisterio Suyo, desde el día en que me ordenó obispo el 6 de enero de 1993, destinándome al Consejo Pontificio para la Familia, precisamente con la tarea de seguir los temas de la vida humana, que le llevaron a instituir después el año siguiente la Academia Pontificia para la Vida, cuando había comenzado ya la preparación de la Encíclica *Evangelium Vitae...*

Entre los recuerdos personales no podré borrar jamás los momentos pasados en el "Gemelli" la tarde del 13 de mayo de 1983, en el que su vida estaba extendida como un crucifijo sobre la mesa de operaciones, después del atentado...[183]

---

[181] *Ibidem.*

[182] Juan Pablo II (2002). *Naturaleza y dignidad de la persona humana como fundamento del derecho a la vida. Los desafíos del contexto cultural contemporáneo.* Discurso en la asamblea general de la Academia Pontificia para la Vida, 27 de febrero de 2002.

[183] E. Sgreccia (2007a). "El magisterio de Juan Pablo II sobre la vida humana. La perspectiva cristocéntrica", en *Sphaera,* Instituto CEU de Humanidades Ángel Ayala (12), p. 4.

Con estas palabras, Sgrecia comienza la introducción de un artículo en el que describe el magisterio de Juan Pablo II sobre la vida humana.

Wojtyla y Sgreccia son dos autores coetáneos. El primero nació en 1920 y el segundo en 1928. Ambos vivieron los cambios acaecidos durante el siglo xx, las transformaciones que han llevado al surgimiento de la cultura de la muerte frente a la cultura de la vida.

Siguiendo al propio Sgreccia, ambos autores se enfrentan a dos concepciones del ser humano de carácter reduccionista, que llevan a la pérdida del sentido de la trascendencia de lo humano, como consecuencia de la superación de la modernidad. La primera tendencia, resultado de la conjugación de la fe en la ciencia y en la libertad subjetiva, se basa en la idea de una libertad emancipada de cualquier valor moral y que se cobija en la razón. En consecuencia, su única creencia es la ciencia y la tecnología, que le permite manipular lo corpóreo y la realidad biológica a su conveniencia, basándose únicamente en elecciones subjetivas. La segunda opción convierte a la persona en materia, situándola al mismo nivel que cualquier otra especie animal, ejerciendo el materialismo y el sensismo, en el que el ser humano carece de cualquier valor ontológico.

Como señala Sgreccia,

estas dos corrientes de pensamiento filosófico, la apoyada en el "pensamiento débil", mal compensado por la fe en la ciencia y en la libertad subjetiva, y la apoyada en el sensismo (el ser vivo es valorado según la capacidad de sentir dolor y placer) y el utilitarismo se encuentran de acuerdo en el no poner límites absolutos a la intervención biotecnológica sobre la vida; las más recientes tendencias exaltan las posibilidades de la eugenesia, del transhumanismo y de la transformación biotecnológica de la especie humana.[184]

---

[184] *Ibidem*, p. 8.

La persona queda reducida a cuerpo, a objeto biológico-material, y como tal objeto solamente puede tener dos destinos: un valor instrumental o un valor hedonista. El ser humano ha perdido toda su trascendencia, así como cualquier referencia sobre el bien y el mal.

La respuesta de Juan Pablo II y de Sgreccia será una antropología humanista frente a la posición cartesiana o inmanente, donde el hombre puede convertirse progresivamente, al ser despojado de su categoría excepcional, en un utensilio más para manejar, manipular, y medible como costo y beneficio. Así, Engelhardt propone que persona sea solamente aquél que goce de autoconciencia y, por tanto, pueda desempeñar un papel en la sociedad; semejante definición convierte en meros objetos a enfermos de Alzheimer, minusválidos físicos y psíquicos, embriones, neonatos, etc. Con dicha fundamentación es posible la legalización del aborto, del infanticidio, la eutanasia, así como cualquier actividad eugenésica.

Como indica Sgreccia:

> Será gracias a esta concepción metafísica por lo que la antropología de Juan Pablo II, rechazando el dualismo espíritu y cuerpo, reivindica la identidad personal y el valor de persona para el ser humano desde el momento de la concepción, reconociendo una vez más el concepto y el valor de persona humana desde el primer momento de su existencia real e individual, extendiendo el reconocimiento de su dignidad hasta la muerte real y orgánica del individuo, y rechazando por este motivo toda distinción entre ser humano y persona humana. Esta concepción es confrontada con todas las posiciones gradualistas en la valoración de la vida prenatal o en condición de minusvalía. La presencia del alma espiritual desde el primer momento de la concepción hasta la muerte natural asegura la inmutable y plena dignidad al ser humano.[185]

Así, la noción de persona en Sgreccia no ofrece aristas problemáticas, puesto que su personalismo se diferencia de cualquier otro

---

[185] *Ibidem*, p. 8.

personalismo gracias a que sus raíces se hunden en la tradición filosófica cristiana.[186]

Tanto Wojtyla como Sgreccia coinciden en dar una gran importancia al diálogo entre razón y fe; como señala Sgreccia, colocando la razón en una "posición débil", se acaba por dañar también la fe y, sobre todo, se priva a la Iglesia de la capacidad de diálogo con la sociedad secularizada.

El encuentro entre fe-razón es necesario: Sgreccia asume, en líneas generales, la posición epistemológica de Juan Pablo II, en su *Manual de bioética*, e indica que Wojtyla

> ante la cultura secularista que es la que gira en torno al encuentro de los 3 ríos del saber: el científico, el antropológico (entendido como encuentro entre fe y razón) y el saber ético; tal encuentro se da cuando se coloca en el vértice el saber antropológico, como en forma de un triángulo ideal. Se parte del examen de los aspectos científicos y tecnológicos, realizados por el progreso de la investigación de las aplicaciones, para medir la incidencia sobre la vida del hombre y, de esta valoración nos movemos hacia el examen de la cuestión ética fundada en la valoración de la verdad del hombre y del bien que se persigue para la persona misma y para la sociedad.[187]

Y añade: "Esta aportación es, en mi opinión, de gran importancia: el encuentro de diversos saberes, cada uno de los cuales es fruto de una determinada investigación (el método experimental, el especulativo y el valorativo) según la analogía del conocimiento humano, termina con una aportación que enriquece la visión interdisciplinar".[188]

Sgreccia asume que, solamente, desde una posición interdisciplinar donde desemboquen los tres ríos del saber, se podrá afrontar

---

[186] M. Caponnetto (2012). *Op. cit.*, pp. 100-101.

[187] *Ibidem*, p. 10.

[188] *Ibidem*, pp. 10-11.

los nuevos retos que los conocimientos humanos van planteando, desafíos a los que se enfrenta. Como indica Bochatey,

> un hombre adelantado a su tiempo, que supo descubrir su vocación y misión y que nunca ha dudado en ponerlas en práctica en su máxima expresión [...] su preocupación por la persona y la bioética personalista ontológicamente fundada ha ido tomando cada vez más envergadura [...] no sólo enseña y promueve un tipo de bioética sino que ha logrado encender una luz que ilumina una escuela de pensamiento bioético cuya base es la persona, creada a imagen y semejanza de Dios [...] avanzando por la autopista del presente con certezas.[189]

Sgreccia y Wojtyla muestran la exigencia y la necesidad que tiene la bioética de asumir como principio propio a la persona como sujeto con dignidad. Frente a la cultura de la muerte, dominada por un pensamiento utilitarista-mercantilista, por un relativismo absolutista, se hace imprescindible reivindicar la singularidad del ser humano preservando de esta forma la auténtica dignidad de todas las personas, especialmente, de las más frágiles y vulnerables. Ambos rechazan toda la corriente relativista que impera en el pensamiento de la cultura de la muerte.

Por ello, Wojtyla nos dice:

> La persona no debe ser meramente un medio respecto de un fin para otra persona. Esto está excluido por la misma naturaleza de la personalidad, por la que cualquier persona es. Los atributos que encontramos en el yo interno de una persona son aquellos por los que es un sujeto pensante y capaz de tomar decisiones. De modo que, cada persona es por naturaleza capaz de determinar sus fines. Cualquiera que trata a una persona como el medio para un fin le hace violencia a la misma esencia del otro, a aquello que constituye su derecho natural.[190]

---

[189] A.G. Bochatey (2008). *Bioética y persona. Escuela de Elio Sgreccia.* Buenos Aires: Educa.

[190] K. Wojtyla (1969). *Op. cit.*, pp. 26-27.

Elio Sgreccia ha señalado, en múltiples ocasiones, la inmoralidad de las diferentes legislaciones que se aprueban en distintos países sobre el derecho a la vida, el aborto, la eutanasia… cuyo carácter relativista, utilitarista y mercantilista convierte a la persona en un instrumento, cuyo único valor es el posible beneficio que se pueda obtener, sea ésta de carácter económico, "científico" y de mera comodidad para los otros miembros de la sociedad.

Para Wojtyla y Sgreccia, la dignidad es el valor que posee la persona por ella misma y no tiene precio. Todo ello se expresa en la norma personalista de la acción, ya que poseer dignidad significa reconocerla en el otro, el orden moral y el orden jurídico se refiere al bien de la persona constituida como fin.

3. El personalismo, filosofía inherente a la obra de Elio Sgreccia

Sgreccia considera que el modelo más apropiado para resolver las antinomias de los diversos modelos bioéticos y, al mismo tiempo, para fundamentar la objetividad de los valores y de las normas, es el modelo personalista. Sostiene que históricamente se puede hablar de personalismo con una triple significación o énfasis en el significado: el personalismo relacional, el personalismo hermenéutico y el personalismo ontológico. Así, en palabras del autor,

> en el significado relacional-comunicativo se subraya sobre todo el valor de la subjetividad y de la relación intersubjetiva [...]. En el significado hermenéutico se subraya el papel de la conciencia subjetiva al interpretar [...] la realidad conforme a la propia "precomprensión". En el significado ontológico, por último, sin negar la importancia de la subjetividad relacional y de la conciencia, se quiere subrayar que el fundamento de la misma subjetividad estriba en una existencia y una esencia constituida en la unidad cuerpo-espíritu.[1]

En la entrevista concedida por Sgreccia al autor de esta obra, afirmó:

> Cuando me decidí a examinar al personalismo como un criterio para evaluar las cuestiones de bioética, me di cuenta de que la palabra había sido usada con diferentes significados por los existencialistas, por los seguidores de la filosofía hermenéutica, el pensamiento liberal en general, y con frecuencia venía a indicar la importancia de

---

[1]   E. Sgreccia (2009a). *Op. cit.*, p. 70.

la libertad, y la autonomía moral, mientras que por mi parte yo había comprendido la necesidad y la claridad de la fundamentación metafísica del ser, que incluye la totalidad de la existencia de "individuo humano", así que asumí desde el principio la fórmula del "personalismo con fundamentación ontológica" para distinguir entre las diversas posibilidades depersonalismo. En este punto particular, sin pretender haber inventado un nuevo concepto, quiero dejar claro, como lo es también en la tradición tomista y neoescolástica, el valor de la persona por lo que es y no sólo por lo que se desarrolla en sus actividades (diseño funcionalista). Me siento en consonancia con la afirmación espontánea de Pablo VI en la Encíclica *Populorum Progressio* (23-3-1967): el valor de "todos los hombres y de todo hombre" (n. 14). Debemos recordar que Pablo VI había nombrado a Jacques Maritain como "laico experto" en las sesiones del Concilio Vaticano II.[2]

En el hombre, la personalidad subsiste en la individualidad constituida por un cuerpo animado y estructurado por un espíritu. La tradición personalista tiene origen en la razón misma del hombre y en el corazón de su libertad: el hombre es persona pues es el único ser en la vida que puede generar "reflexión" sobre sí mismo y autodeterminarse; es el único ser viviente que tiene la capacidad de captar y descubrir el sentido de las cosas y de dar sentido a sus expresiones y a su lenguaje consciente. Razón, libertad y conciencia representan una creación emergente irreducible al flujo de las leyes cósmicas y evolucionistas. Para Sgreccia esto es

merced a un alma espiritual que informa y da vida a su realidad corpórea y que contiene y estructura al cuerpo. [...] La distancia ontológica y axiológica que distingue a la persona humana del animal, no es comparable con la distancia que media entre la planta y el reptil o entre la piedra y la planta. En cada hombre, en toda persona humana se recapitula y cobra sentido el mundo entero, pero al mismo tiempo el cosmos es superado y trascendido. En cada hombre se encierra el sentido del universo y todo el valor de la humanidad: la persona humana es una unidad, un todo y no sólo parte de un todo.[3]

---

[2]   E. Sgreccia, Entrevista personal al autor. Cfr. Anexo.

[3]   E. Sgreccia (2009a). *Op. cit.*, p. 71.

Dentro de la línea de la bioética personalista podemos traer a colación también los pensamientos de la doctora Donadio Maggi, para quien la defensa de la vida es sustentada en una revaloración racional del concepto de "naturaleza" y en la dignidad ontológica de la vida misma.

Sólo así puede sostenerse la dignidad de la vida humana, como una realidad singular, única e irrepetible, desde el primer momento de la concepción. Ahora bien, la defensa de la vida humana no sólo apela a la racionalidad teórica sino que exige una lectura y un sustento moral, en la conciliación de los conceptos de verdad, vida y libertad, como también en el *ethos* del científico y del filósofo moral. Según la autora podemos observar en la actualidad una profunda crisis de "la cultura que engendra escepticismo en los *fundamentos mismos del saber y de la ética,* haciendo cada vez más difícil ver con claridad el sentido del Hombre, de sus derechos y deberes. La misma investigación científica sobre este punto parece preocupada casi exclusivamente por obtener productos cada vez más simples y eficaces contra la vida".[4]

Para Elio Sgreccia, desde el momento de la concepción hasta la muerte, en cualquier situación de sufrimiento o de salud, la persona humana deberá ser el punto de referencia y de medida entre lo lícito y lo ilícito. Sin embargo, no hay que confundir el personalismo al que el autor hace referencia con el individualismo subjetivista, concepción en la que se subraya, casi como único elemento constitutivo de la persona, la capacidad de autodecisión y de elección. Según Sgreccia,

> es éste un punto de vista muy difundido en el mundo protestante y existencialista, que influye también en ciertas corrientes de la teología norteamericana. El personalismo clásico de tipo realista y tomista —sin negar este componente existencial, o capacidad de elección, que constituye el destino y el drama de la persona— pretende

---

[4] M.C. Donadío (2004). "Necesidad de una bioética personalista", en *Vida y Ética*, año 5, núm. 2. Buenos Aires.

afirmar también, y prioritariamente, un estatuto objetivo y existencial (ontológico) de la persona. La persona es ante todo un cuerpo espiritualizado, un espíritu encarnado, que vale por lo que es y no sólo por las opciones que lleva a cabo. Más aún, en toda elección la persona compromete lo que ella es, su existencia y su esencia, su cuerpo y su espíritu; en toda elección no sólo se da el ejercicio de elección, la facultad de elegir, sino también el contexto de la elección: un fin, unos medios y unos valores.[5]

En este sentido puede decirse que el personalismo realista ve en la persona una unidad, un compuesto que Sgreccia denomina "unitotalidad de cuerpo y espíritu" y que representa su valor objetivo, del que se hace cargo la subjetividad, tanto respecto de la propia persona como de la persona ajena.

Por lo tanto, no puede disolverse a la persona humana y sus valores en una serie de elecciones, sin una fuente de la que provengan las opciones y sin los contenidos de valor que expresan. Por lo tanto, el aspecto objetivo y el aspecto subjetivo de la persona están en referencia mutua e implicados en una ética personalista. En palabras de Sgreccia,

> el valor ético de un acto deberá ser considerado bajo el perfil subjetivo de la intencionalidad, pero también en su contenido objetivo y en las consecuencias. La ley moral natural que impulsa toda conciencia a hacer el bien y a evitar el mal se concreta, por ello, en el respeto de la persona en la totalidad de sus valores, en su esencia y dignidad ontológica. Esto es válido para todos los ámbitos del comportamiento ético y es válido también para la bioética [...]. En momento del juicio íntimo sobre lo realizado, prevalece la evaluación de la subjetividad; pero en el momento normativo y deontológico, prevalece el valor objetivo al que hay que adecuar cada vez más la actitud subjetiva. La certeza deberá buscar cada vez más la verdad.[6]

Por esto último, en la perspectiva personalista se puede afirmar que resulta necesaria una integración entre dos momentos

---

[5]   E. Sgreccia (2009a). *Op. cit.*, p. 72.

[6]   *Ibidem*, pp. 72-73.

inseparables: el momento del análisis y de la fundamentación de los valores y normas, y el momento de su aplicación coherente y correcta.[7]

3.1. Desarrollo histórico de la dignidad y desarrollo humano. Calidad de vida

En los últimos años, a partir de los setenta, se ha iniciado el empleo generalizado del concepto de calidad de vida en sentido utilitarista y discriminatorio. Paradójicamente, en nombre de la calidad de vida se piensa en suprimir la vida.[8]

Según Sgreccia, las aplicaciones del principio de la calidad de vida entendido en sentido utilitarista e ideológico selectivo, se van introduciendo poco a poco en la legislación de ciertos países y su objetivo principal es conseguir que se adopten culturalmente y dejen huella en la mentalidad familiar, cada vez más obviamente y con motivaciones muy sutiles y pseudojustificadas.[9]

Una primera aplicación se encuentra en la fase de la vida prenatal, sobre todo a través del recurso del diagnóstico prenatal y el aborto selectivo, y también a través de las técnicas de procreación artificial. En este ámbito debemos mencionar la que ha sido considerada en la actualidad como la revolución biológica o genómica, que ha dado lugar a la llamada medicina predictiva que puede prever el desarrollo de una enfermedad y de la calidad de vida del niño por nacer y del individuo adulto posteriormente, abriendo la posibilidad a las intervenciones selectivas.[10]

---

[7] *Ibidem*, p. 73.

[8] E. Sgreccia (1992). "La calidad de la vida y las amenazas contra la vida, Conferencia Dictada en la UPAEP", en *Vertebración*, núm. 22, p. 3. Puebla.

[9] *Ibidem*, p. 6.

[10] *Ibidem*, p. 7.

Así, con elevada frecuencia se lleva a cabo el aborto de los fetos defectuosos o enfermos. Según Sgreccia: "(…) es verdad que preveer [sic] y conocer no es ilícito y el diagnóstico puede ser fuente de información precisa para tratamientos cada vez más accesibles, aunque sí hasta la fecha existe aún una enorme desigualdad entre diagnóstico prenatal y posibilidad terapéutica. Por ello la Iglesia acepta el diagnóstico prenatal, pero con determinadas condiciones y con la óptica de la aceptación de la vida".[11]

La desclasificación de la ontología del ser humano representa una verdadera y propia discriminación basada sobre el nivel de desarrollo biológico. En lo que respecta por ejemplo a la procreación artificial y la descalificación del embrión, el autor afirma que la primera "no tiene solamente el fin de obtener un hijo a toda costa, sino también la de buscar la calidad del mismo" en este sentido es que "la selección de los embriones requiere de la congelación de los embriones supernumerarios y su destino a la experimentación y al exterminio periódico (…) pero en cuestión de procreación el problema de la calidad de vida del embrión se viola ya, extensiva y sustancial, a través de la desclasificación de su identidad".[12]

Según Sgreccia la filosofía utilitarista permite que la identidad del embrión humano se ponga en duda no sólo en la fase preimplantatoria sino también en las fases sucesivas al quinceavo día para un conjunto de motivaciones pseudocientíficas. Así, se ha inventado la noción de "preembrión" para la fase de los primeros 15 días de vida del cigoto, aunque para otros autores este valor se extiende hasta el fin de la organogénesis o hasta la aceptación del feto por parte de la madre.[13]

La ciencia biológica y la razón se rebelan frente a la discriminación antes mencionada y el Magisterio de la Iglesia católica toma una

---

[11]   *Ibidem*, p. 7. El documento original contiene la errata señalada.

[12]   *Ibidem*, pp. 8-9.

[13]   *Ibidem*, p. 9.

posición clara sobre este punto. En palabras de Sgreccia, esta posición sostiene que

> el ser humano desde el momento de su concepción, y precisamente desde el momento de la fecundación, constituye una individualidad humana que tiene una caracterización suya, una autonomía de regulación de desarrollo, una continuidad ininterrumpida desde el punto de vista cualitativo, hasta el nacimiento, y después del mismo, es por tanto un ser humano activo, vivo, individualizado, y en vía de desarrollo continuo. La entidad corpórea está determinada por el acto existencial único y propio del espíritu, que toma la corporeidad humana desde el primer instante. Es el acto existencial que es don del Creador y es constitutivo del yo. La gradualidad del desarrollo no puede ofuscar la identidad personal. Es, por tanto, coherente y correcto decir que el embrión humano desde el momento de la fecundación es persona.[14]

En el polo opuesto, bajo la filosofía de la "muerte con dignidad" comprendida como eutanasia, Sgreccia afirma que existe la ausencia del concepto de creación y la pérdida del sentido de la vida misma como don, resultando más evidente la pérdida de la esperanza en la vida futura. En esta postura filosófica, se aprecia fundamentalmente la incapacidad del mundo ateo para dar sentido al sufrimiento. En el pensamiento de Sgreccia la moral católica en este campo deberá afirmar fuertemente la dignidad de la persona humana en la plenitud de sus valores. El rechazo de la eutanasia y de la crueldad terapéutica ha estado motivado sobre la base del respeto de la dignidad de la persona y del valor sagrado de la vida. El respeto de la inviolabilidad de la vida y de la persona y la solidaridad humana y cristiana sostienen, y garantizan conjuntamente, la dignidad de la vida y la dignidad de la muerte.[15]

La condena universal de asesinato intencional de un inocente se basa en el respeto de la dignidad humana, y la dignidad humana es

---

[14]   *Ibidem*, p. 9.

[15]   *Ibidem*, p. 12.

lógicamente independiente de (y no reducible) a la calidad de vida de una persona porque la dignidad es una propiedad intrínseca que no admite grados. El valor expresa la dignidad de las personas y, al contrario del valor de las cosas, no está sujeto a cambios. Una persona severamente impedida tiene el mismo valor que cualquier otra persona y debe ser respetada como cualquier otra persona. Hay buenas razones para dar un cuidado especial a aquellas personas que sufren de una mala calidad de vida (que necesitan más atención que otros), pero no hay buenas razones para justificar la supresión de sus vidas a causa de su mala calidad.[16]

Elio Sgreccia está convencido de que la solución ganadora consistirá en la elaboración de una nueva, crítica y positiva perspectiva que proclame el concepto no reduccionista del ser humano, que es el punto principal del problema, un concepto que respete la dignidad inmutable e igual de toda persona humana desde la concepción hasta la muerte natural, una perspectiva que se referirá al valor fundamental de la vida y el respeto por el principio de la responsabilidad ética y considerará al ser humano en la perspectiva de la vida espiritual, abierta a la trascendencia.[17]

3.2. La dignidad como base teórica de la obra de Elio Sgreccia

La concepción de la persona humana que adopta Sgreccia se hace extensiva a la vida en sociedad. En este sentido puede afirmarse que la misma sociedad tiene como punto de referencia a la persona

---

[16] E. Sgreccia e I. Carrasco de Paula (eds.) (2006). *Quality of life and the ethics of health.* Proceedings of the Eleventh Assembly of the Pontificial Academy for Life, Libreria Editrice Vaticana, Vaticano.

[17] *Ibidem.*

humana. La persona es fin y origen de la sociedad. Dentro de la concepción cristiana, Sgreccia puede afirmar igualmente que

> la Creación es también una conclusión racional —dentro de ciertos límites— de la Redención y de la comunión del hombre con Dios, da a esta visión personalista una amplitud de horizontes y de valores que toca lo divino. El hombre, cada hombre en particular es, para el creyente, imagen de Dios, hijo de Dios y hermano de Cristo. Pero ante cualquier reflexión racional, aunque sea laica, la persona humana se presenta como el punto de referencia, el fin y no el medio, la realidad que trasciende a la economía, el derecho y la historia misma.[18]

Pero además, teniendo en cuenta lo anterior Sgreccia afirma que desde el momento de la concepción hasta la muerte, en cualquier situación de sufrimiento o de salud, es la persona humana la que constituye el punto de referencia y de medida entre lo lícito y lo ilícito,[19] y que la solución de los problemas éticos de la medicina, por lo tanto, deberá buscarse en relación con los conceptos y los valores fundamentales de la persona humana, que es el punto al que se remite la filosofía del hombre en su conjunto.[20]

Sgreccia considera que, si se renuncia a fundamentar la bioética sobre la dignidad de la persona, "dignidad siempre presente, igual y permanente en cada hombre, y por lo tanto sobre su ser profundo teniendo en cuenta su propia grandeza, no tendremos unidad de medida".[21]

En este sentido la bioética tiene dos alternativas: o toma como referente a la dignidad ontológica de la persona humana y por lo tanto a la verdadera naturaleza del ser humano, o bien, "sin esta brújula,

---

[18] E. Sgreccia (2009a). *Op. cit.*, p. 71.

[19] *Ibidem*, p. 72.

[20] *Ibidem*, p. 74.

[21] E. Sgreccia (2000). *La bioética como praxis*. Buenos Aires: Educa, p. 37.

el progreso científico será como un río que desborda devastando la faz de la tierra".[22]

La concepción personalista así entendida lleva a respetar la vida física del hombre desde su fecundación, su integridad y su salud no en nombre de un vitalismo biológico sino con relación a la dignidad de la persona y la totalidad de su ser. El concepto de dignidad humana, de derechos humanos, y en particular de derecho a la vida, constituye el punto central y la idea rectora, en el pensamiento de Elio Sgreccia, a partir del cual puede construirse la bioética y el bioderecho.

3.2.1. El trabajo de Elio Sgreccia (de 1997 a 2008)

Elio Sgreccia nació en Arcevia (Ancona, Italia) el 6 de junio de 1928. Fue ordenado sacerdote en 1952 en la diócesis de Fossombrone (Pesaro) a manos del obispo diocesano, monseñor Amedeo Polidori.

Se licenció en Filología Clásica y Filosofía en la Universidad de Bolonia, en 1963 con la máxima calificación. Su tesis titulada *Il Cardinale Domenico Passionei* consiste en una investigación teológico-histórica sobre las enseñanzas morales del siglo XVII.

Desde 1973 hasta 1984, trabajó como asistente espiritual en la Facultad de Medicina y Cirugía de la Universidad Católica del Sagrado Corazón en Roma, y desde 1975 fue miembro consultor de la Pastoral de la salud de la Conferencia Episcopal italiana.

En enero de 1986 fue nombrado por el santo padre Juan Pablo II consultor de la Pontificia Comisión para la Pastoral de los trabajadores sanitarios.

El 6 de enero de 1993 fue nombrado obispo y ordenado por Juan Pablo II en la basílica de San Pedro en el Vaticano.

Entre 1992 y 1995 fue Secretario del Pontificio Consejo para la Familia y el 1° de junio de 1994 fue nombrado por Juan Pablo II

---

[22] *Ibidem*, p. 37.

vicepresidente de la Pontificia Academia para la Vida, creada por el pontífice con el *motu proprio Vitae Mysterium* del 11 de febrero de 1994, con "la misión específica de estudiar, informar y formar aproximadamente los principales problemas de la biomedicina y del derecho, relativos a la promoción y a la defensa de la vida, sobre todo en relación directa con la moral cristiana y las directivas del Magisterio de la Iglesia".[23]

El 3 de enero de 2005 fue nombrado por Juan Pablo II presidente de la Pontificia Academia para la Vida, cargo en el que estuvo hasta el 17 de junio de 2008, fecha de finalización del mandato por alcance del límite de edad.

Fue designado cardenal por Benedicto XVI en el consistorio del 20 de noviembre de 2010, por la Diaconía de Sant'Angelo in Pescheria y presidente emérito de la Pontificia Academia para la Vida hasta su muerte, ocurrida en 2019.

En el ámbito de la bioética formó parte del comité de redacción del Manual del Consejo de Europa sobre "Las medecin and the droits de l'homme" desde 1981, y en calidad de experto y observador de la Santa Sede, en el Comité *ad hoc* de expertos del Consejo de Europa sobre avances de las ciencias biomédicas (CAHBI) desde 1983.

De 1985 a 2006 fue director del Centro de Bioética de la Universidad Católica del Sagrado Corazón.

Fue profesor de Bioética en la Facultad de Medicina y Cirugía de la Universidad Católica del Sagrado Corazón desde 1985 al 2000. Formó parte de la Junta de la Facultad de Medicina y Cirugía "Agostino Gemelli" y el 31 de mayo de 1990 fue nombrado profesor titular ordinario de Bioética en la misma facultad. Fue el primer profesor titular de esta materia en Italia. En 1991, el doctor Angelo Fiori, catedrático de Medicina Legal de la Universidad del Sacro Cuore de Roma, presentó a Elio Sgreccia al doctor Javier Vega Gutiérrez,

---

[23] Juan Pablo II (11 de febrero de 1994), carta apostólica *Vitae mysterium* en forma de *motu proprio*, con la que instituye la Academia Pontificia para la vida. 4: AAS 86.

profesor titular de Medicina Legal de la Universidad de Valladolid y amigo personal, que se encontraba efectuando una estancia de profesorado. En una conversación personal entre Fiori y Vega, el primero reconoció haber preparado y promocionado la cátedra de Bioética específicamente para Elio Sgreccia, a quien había conocido como capellán en el hospital Gemelli, aun en contra de varias personas que no compartían su ideología. En dicha conversación reconoció haber sido una de las mejores decisiones que había tomado en su vida.[24]

En 1991 se constituyó el Instituto de Bioética, y Elio Sgreccia fue nombrado director de dicho instituto hasta el año 2000. En él ha desarrollado su docencia en tema de bioética ante numerosa escuelas de especialización de la misma facultad (escuelas de diabetología, medicina nuclear, radiología, aparato digestivo, geriatría y gerontología, anestesiología y reanimación, farmacología y medicina interna).

Fue miembro de la comisión de estudio para la ingeniería genética creada el 29 de octubre de 1985 en el centro de estudios del Ministerio de Salud y miembro del Consejo de Gobierno del Centro Europeo per la Medicina delle Catastrofi (CEMEC). En este ámbito ha participado, en calidad de docente al primer curso intensivo del CEMEC, celebrado del 26 de octubre al 14 de noviembre de 1987.

Entre 1987 y 1988 coordinó un subproyecto de investigación de carácter ético-rehabilitador en el marco del proyecto de investigación "Active Aging", dirigido por el profesor G. Gambassi, y llevado a cabo en colaboración entre la Universidad Católica del Sagrado Corazón y la región de Molise.

Ha sido miembro del Comité Nacional para la Bioética creado por la Presidencia del Consejo de Ministros con Decreto de 28 de marzo de 1990. Ha desempeñado este cargo ininterrumpidamente desde la creación de la institución y tras las sucesivas redistribuciones de miembros del Comité efectuadas en las diversas legislaturas.

---

[24] J. Vega (23 de marzo de 2014). Entrevista personal.

Fue miembro de la Comisión interministerial de discapacidad del Ministerio de Asuntos Sociales. Fue asesor científico del Centro Internacional de estudios e investigaciones sobre el sida del Instituto Científico S. Raffaele de Milán. Ha sido miembro del Comité de Ética del Hospital General "A. Gemelli" de Roma y miembro del comité ético del Hospital General "Valduce" desde el 30 de octubre de 1989, durante tres años consecutivos.

Fue miembro del Comité de Bioética del Instituto Dermopático de la Inmaculada de Roma de 1991 a 1995. Desde junio de 1998 fue director del Centro para la Cooperación Internacional de la Universidad Católica del Sagrado Corazón. El 11 de octubre de 2001 fue nombrado miembro honorífico de la Academia Mexicana de Bioética. En 2001 fue miembro de la comisión Directrices en la asesoría de las pruebas genéticas del Ministerio de Sanidad, hasta la conclusión de los trabajos en 2003, año desde el que fue presidente de la Federación Internacional de Centros e Institutos de Bioética de inspiración personalista (FIBIP). Desde 2004 fue presidente de la Fundación Ut Vitam Habeant, una institución canónica civilmente reconocida para la difusión de la verdad al servicio de la pastoral de la vida y también presidente de la Asociación Donum Vitae, reconocida como asociación pública de fieles por parte de la diócesis de Roma.

En cuanto a sus publicaciones en el ámbito de la bioética, además del *Manual de bioética*, que ya hemos citado en este trabajo, es autor, coautor y editor de numerosas obras relacionadas con la pastoral sanitaria, la bioética, la ética médica y la familia. Cabe destacar entre sus publicaciones más recientes la colección Scienza Medicina Etica de la editorial Vita e Pensiero y de la colección de la Pontificia Academia para la Vida. Además, ha publicado más de 400 trabajos en revistas italianas y extranjeras, en diferentes idionas, como inglés, alemán, español, francés, portugués, polaco y ruso.

Fue redactor en la revista *Medicina e Morale* desde 1974. Posteriormente, fue subdirector y desde 1985 director de dicha revista junto al profesor Angelo Fiore, para los aspectos científicos.

3.2.2. Investigación en bioética

Para Sgreccia el método de investigación y de enseñanza de la bioética no puede configurarse como método inductivo, estableciendo normas a partir de la simple observación de los hechos, ni como método deductivo, deduciendo las normas de acción de los principios. Por el contrario, el autor propone un método que define como triangular, que se determina por medio de un examen que tiene tres puntos de enlace. En primer lugar se requiere la exposición del hecho biomédico comprobando científicamente su consistencia y exactitud. Este punto va seguido de una profundización antropológica, es decir, del análisis de los valores que están en juego en relación con la vida y, a partir de ahí, se podrá determinar qué valores hay que defender y cómo se deben normalizar la acción y los agentes en el plano individual y social, principios y normas de conducta que deberán ser referidos a ese punto central constituido por el valor-persona y por los valores que se encuentran en la persona para ser armónicamente jerarquizados.[25]

Con respecto a los diferentes modelos bioéticos, Sgreccia sostiene que es casi universal la demanda de un planteamiento ético en relación con las ciencias de la vida, pero, sin embargo, se diversifica la formulación de los modelos éticos de referencia y las teorías sobre la fundamentación del juicio ético.[26] Puede afirmarse que para quien observa el panorama de la bioética en la actualidad, puede constatar que nos encontramos ante una pluralidad de criterios difícilmente conciliables entre sí. A este respecto, Elio Sgreccia afirma:

> El pluralismo y la diversidad de enfoques en la fundación de la bioética se manifiestan especialmente en la literatura en lengua inglesa. Durante mucho tiempo ha prevalecido la visión principialista, basada en la aplicación de los principios de beneficencia, no maleficencia y justicia; sin embargo, en los últimos años esta postura ha sido objeto de duras críticas provenientes de diversas partes. De

---

[25] Cfr. E. Sgreccia (2009a). *Op. cit.*, pp. 73-74.

[26] *Ibidem*, p. 54.

este modo, paulatinamente están emergiendo otros enfoques: la ética de las virtudes, la ética casuística, la énea narrativa, la bioética interpretativa o hermenéutica y, finalmente, la ética del cuidarse y la bioética feminista.[27]

De acuerdo con Sgreccia el desarrollo de principios lleva a promover una actitud pasiva de obediencia, en vez de una actitud activa de compromiso moral. Sostiene entonces que no basta con aplicar una serie de principios en una situación, sino que es necesario que el agente comprenda el sentido moral intrínseco del acto que ejecuta, por lo que la formulación de unos principios sin una fundamentación ontológica y antropológica hace que se vuelvan estériles y confusos. Se hace necesaria pues una sistematización y una jerarquización con el fin de armonizar y unificar su significado. Para Sgreccia

> esto sólo puede suceder reelaborándolos y definiéndolos en una teoría ética unificada que establece su criterio último en la persona humana y de la que emanan algunas conclusiones: el respeto de la vida física y de la integridad sustancial, el respeto de la libertad vinculada a la responsabilidad de la persona, la justificación terapéutica de la intervención médica, la interpretación del bien común no como bien de la mayoría sino como la suma del bien de las personas particulares.[28]

Sgreccia afirma que los principios pueden proporcionar instrucciones generales de comportamiento, pero es el valor ético del bien de la persona como fin último el que alcanza aquello que da el sentido último de la acción.[29]

Por esta razón, el autor afirma que especialmente en estos últimos años se ha vuelto primordial la discusión sobre la bioética para clarificar cuáles pueden ser los valores y principios sobre los que se debe fundamentar el juicio ético. Así, pues, Sgreccia sostiene que

---

[27] *Ibid.*

[28] *Ibidem*, p. 233.

[29] *Ibidem*, p. 234.

no basta con elaborar paradigmas conceptuales adaptables a la solución de casos límite, basados simplemente en una especie de consenso pragmático y flexible, según las circunstancias. Más bien habrá que buscar una verdadera justificación y, por tanto, la demostración de la razón última por la que un determinado acto moral debe considerarse recto o no recto, lícito o ilícito, obligado o prohibido.[30]

El autor sostiene la urgencia de reflexionar sobre lo que denomina una meta-ética. Con el término de "meta-ética" se quiere dar a entender, en este aspecto, precisamente ese tipo de justificación fundante, haciendo referencia también a la justificación racional de los valores, de los principios y de las normas en el ámbito bioético. Es sobre la meta-ética, por lo tanto, sobre la que se deberá construir la "meta-bioética".[31]

3.2.3. Principios de la bioética personalista

Es necesario abordar aquí los principios de la bioética que se funda sobre la visión personalista de la dignidad de la persona —que es unión de espíritu y cuerpo—, sobre la visión de la corporeidad y organicidad de la persona, que está en la sociedad como sujeto activo y fin de la sociedad. Los principios, para Sgreccia, brotan del ser persona, es decir, del respeto de la vida humana y del reconocimiento de la dignidad. No son como los principios del principialismo. Son principios morales que surgen de forma natural en el reconocimiento de la persona. No nacen como un principialismo kantiano o el principialismo estadounidense. Sgreccia proporciona una fundamentación antropológica metafísica a la persona y de ahí, de forma natural, surgen los principios. Si la persona tiene un valor y una dignidad, hay que respetarla. Se han hecho paralelismos entre el principialismo estadounidense y los principios de Sgreccia, pero en éstos hay una jerarquización porque hay una fundamentación. Este punto, en el que

---

[30]   *Ibidem*, p. 55.

[31]   *Ibid.*

Sgreccia criticó abiertamente al principialismo, es otro de los méritos atribuibles a Elio Sgreccia.

Los principios de la bioética personalista definidos por Sgreccia son los siguientes:

1. Principio de defensa de la vida física.
2. Principio de libertad-responsabilidad.
3. Principio de totalidad o terapéutico.
4. Principio de sociabilidad-subsidiariedad.

Sgreccia indica que el primer principio, destaca que la vida física[32] es el valor fundamental ya que, como se ha indicado, la persona es unión de cuerpo y espíritu y no puede existir si no lo hace en un cuerpo. Por ello, respetar a la persona es coesencial al respeto del cuerpo. Por otro lado, no existe la libertad sin la vida física. La vida es anterior a la libertad y por ello, "cuando la libertad suprime la vida, es una libertad que se suprime a sí misma".[33] Así, resulta fundamental la importancia de este principio de cara al estudio de los temas más actuales que se relacionan con la supresión de la vida humana, tales como el aborto, la eutanasia, el suicidio, etc. En los documentos del Magisterio de la Iglesia sobre estos temas se puede ver claramente que el principio de inviolabilidad de la vida humana inocente se basa en esta fundamentalidad del valor que representa la vida física y no incluye las discusiones filosóficas sobre la definición de persona.[34]

---

[32] El propio Sgreccia, en su *Manual de bioética* indica que la expresión "vida física" es reduccionista y no expresa correctamente la concepción holística de la persona, aunque la utiliza por estar muy arraigada en la actualidad. Cfr. E. Sgreccia (2009a). *Op. cit.*, p. 218.

[33] E. Sgreccia (2001). *Op. cit.*, p. 8.

[34] Cfr. *v.g.* Congregación para la Doctrina de la Fe (18 de noviembre de 1974). Declaración sobre el aborto provocado. AAS 66 (1974); Juan Pablo II (7 de agosto de 1984). Eutanasia, problema de cultura y de fe. *L'Osservatore Romano*; Juan Pablo II (25 de marzo de 1995). Carta Encíclica *Evangelium vitae* sobre el valor y el carácter inviolable de la vida humana. 64: AAS 87 (1995).

Así, pues, en palabras de Sgreccia, "la defensa y promoción de la vida tiene su límite en la muerte, que forma parte de la vida; y la promoción de la salud tiene su límite en la enfermedad, que ha de ser curada, sanada y, en cualquier caso, ha se der considerada desde una actitud activa incluso cuando fuera incurable".[35]

El segundo principio es el de libertad y responsabilidad. Según Sgreccia, "en él se engloba el concepto de que la persona es libre, pero, es libre, para conseguir el bien de sí mismo y el bien de las otras personas y de todo el mundo, el mundo que ha sido confiado a la responsabilidad humana. No puede celebrarse la libertad sin celebrar la responsabilidad".[36] Debemos promover "una bioética de la responsabilidad frente a las otras personas, frente a sí mismo y, ante todo, a la propia vida, a la vida de los otros hombres, de los otros seres vivientes".[37]

Para poder aplicar este principio, en primer lugar, debe existir la vida. Esta es una afirmación, a nuestro juicio, muy obvia, ya que, como el propio Sgreccia indica, "para ser libres, se requiere estar vivos, y por esto, la vida es la condición indispensable para que todos y cada uno de nosotros podamos ejercer la libertad".[38] Pero, por obvia que nos parezca esta afirmación, presenta en la actualidad muchos problemas, por ejemplo en el problema de la eutanasia, en el que se decide la supresión de la vida apelando a la libertad de elección. También existen problemas en otros ámbitos, como en los cuidados a pacientes mentales o ante el rechazo de tratamientos aludiendo motivos religiosos.[39]

Este principio está limitado por el principio de defensa de la vida física, que es un valor precedente y superior. Debido a esto, el

---

[35] E. Sgreccia (2009a). *Op. cit.*, p. 222.

[36] E. Sgreccia (2001). *Op. cit.*, p. 9.

[37] *Ibidem*, p. 9.

[38] E. Sgreccia (2009a). *Op. cit.*, p. 222.

[39] *Ibidem*, p. 222.

médico no puede transformar el cuidado en obligación siempre y cuando no esté en juego la vida. En palabras de Sgreccia: "El médico no tiene para con el paciente otros derechos superiores a los que el paciente tiene para consigo mismo. [...] Ni la conciencia del paciente puede ser violentada por el médico ni la del médico puede ser forzada por el paciente: ambos son responsables de la vida y de la salud tanto como bien personal cuanto como bien social".[40]

El tercer principio es el de la totalidad, también llamado por Sgreccia, principio terapéutico. Ha sido definido por él como "el principio fundamental de la ética médica".[41] La persona con el organismo, constituye una totalidad y el organismo mismo es una totalidad dotado de existencia única y personal. De aquí se deriva el principio terapéutico por el cual es lícito intervenir en una parte del cuerpo cuando no hay otra forma para sanar la totalidad del cuerpo.

Aunque, como dice Sgreccia, es un principio de formulación simple, presenta cuestiones morales delicadas, y exige una serie de condiciones para su correcta aplicabilidad. En principio, como ya se ha indicado, debe tratarse de una intervención sobre una parte enferma cuyo fin sea la salvación del organismo. Además, no debe haber otra posibilidad para evitar la enfermedad y tiene que existir una probabilidad razonablemente aceptable de éxito. Por último, y no menos importante, se debe dar el consentimiento del paciente.[42]

La base de este principio justifica, por ejemplo, la cirugía y la esterilización terapéutica, y todo aquello que esté ordenado al bien de la individualidad física de la persona, de tal forma que no sea accesible sólo con el sacrificio de una parte del mismo cuerpo. Y este es uno de los temas más sensibles de la ética médica, ya que no se puede aplicar de manera extensa y *extra ordinem* este principio, como cuando hablamos de "aborto terapéutico", en el que suprime la vida

---

[40] *Ibidem*, p. 223.

[41] E. Sgreccia (2001). *Op. cit.*, p. 9.

[42] E. Sgreccia (2009a). *Op. cit.*, p. 224.

de un individuo subordinándola a la salud física o mental de otra persona, o cuando se quiere justificar una intervención física mutilante para el "bienestar" de la persona (esterilización anticonceptiva). Esto ha venido provocado porque, como indica Sgreccia, algunos autores han querido abarcar, con este principio, la dimensión psicológica y el bienestar subjetivo psicosocial de la persona sin reparar en medios ni en métodos.[43]

Por otro lado, algunas personas interpretan este principio en sentido organicista, de tal modo que es lícito lesionar una parte del organismo si esto ayuda al mismo organismo, pero sólo entendido físicamente.

Pero, quienes en opinión de Sgreccia, mejor interpretan este principio, son aquellos que

> incluyen en la totalidad a la totalidad física, espiritual y moral de la persona y, por tanto, en una totalidad personalista, en la que, sin embargo, se ha de respetar igualmente al organismo físico. El cuerpo, por consiguiente, no es entendido en sentido exclusivo —sin reparar en el resto—, sino en sentido asertivo y unitario, es decir, considerando el bien corporal dentro del conjunto del bien espiritual y moral de la persona.[44]

Finalmente, nos encontramos con el principio de sociabilidad y subsidiariedad. La persona está inserta en una sociedad y constituye el centro de la sociedad, por lo cual debe ser beneficiaria de toda la organización social. De acuerdo con este principio, cada persona es responsable, no solamente de su salud, sino también de la salud de los otros y de las condiciones de salud que encontramos en nuestro medio ambiente. Aquí es necesario distinguir entre el principio ético de sociabilidad y la fórmula política y de organización de la socialización.

En palabras de Sgreccia:

---

[43] *Ibidem*, p. 224.

[44] *Ibidem*, p. 225.

> El principio de sociabilidad compromete a todas y cada una de las personas en su propia realización al participar en la realización del bien de sus semejantes. En el caso de la promoción de la vida y de la salud, implica que todo ciudadano se comprometa en considerar su propia vida y la de los demás como un bien no sólo personal, sino también social, y compromete a la comunidad a promover la vida y la salud de todos y cada uno, a fomentar el bien común promoviendo el bien de todos y cada uno.[45]

La relación persona-sociedad es recíproca: la persona no puede crecer y desarrollarse sin la sociedad, ni la sociedad puede existir sin la persona. Está claro que en esta reciprocidad, la primacía le corresponde a la persona, ya que la sociedad ha sido creada por la persona y las relaciones interpersonales. La empresa existe como un fin en función de la persona. Una errónea aplicación de este principio ha llevado en ocasiones al sacrificio de miembros individuales en beneficio de la sociedad en conjunto, por ejemplo, en la justificación de la eliminación del mal formado por nacer.

El principio de la sociabilidad en la actualidad tiene una aplicación particular en la donación de órganos, tejidos y sangre, en el voluntariado asistencial, en el aumento de la adopción, incluso atención prenatal y en muchos otros ámbitos.

En términos de justicia social, este principio conlleva al principio de subsidiariedad, que indica que la comunidad debe gastar más dinero donde más se necesita, es decir, en los individuos y en los grupos que no puedan ayudarse a sí mismos. Traducido en el campo de la salud para aplicar este principio significa que el Estado tendrá que gastar más para los más enfermos y no tengan la capacidad de ayudarse a sí mismos, sin suplantar la libre iniciativa de los particulares o grupos, antes bien, garantizando su funcionamiento.[46]

Sgreccia sostiene que los principios enumerados son tan obvios que pareciera absolutamente superfluo querer recordarlos en

---

[45] *Ibidem*, p. 226.

[46] *Ibidem*, pp. 226-227.

un manual de bioética, pero reconoce que la situación sanitaria mundial no permite dar un juicio satisfactorio:

> Si pensamos en los pocos medios de curación, en las escasas estructuras sanitarias con que cuentan los países en vías de desarrollo, en los que, sin embargo, la necesidad es mayor. Además, de cuando en cuando se alzan voces, incluso en los países desarrollados, según las cuales, al no poder el Estado hacer frente a los enormes gastos sanitarios, habría que gastar adoptando el principio economicista de costos/beneficios; por lo cual se estaría tentado a destinar el mayor costo sanitario no ya a los enfermos más graves, aunque fueran incurables, sino a los ciudadanos con capacidad aún productiva. Ante el aumento creciente del costo sanitario, como mucho se debería pedir mayor sacrificio a quien mejor puede sostenerlo; pero, precisamente en nombre del principio de subsidiariedad, nunca se deberá sustraer el cuidado asistencial al enfermo que más sufre o más grave está.[47]

3.2.4. La defensa de la dignidad humana por Elio Sgreccia

Elio Sgreccia ha sido, a lo largo de toda su carrera, un gran defensor de la dignidad humana. A continuación, mostramos algunos de sus más destacados argumentos a favor de dicha defensa.

En noviembre de 1997, en los comentarios a la Declaración Universal sobre el Genoma Humano y los Derechos Humanos y sus implicaciones a la dignidad humana, Elio Sgreccia indica, con relación al artículo 1, que "el texto parece dar a entender que el ser humano tiene en el genoma el fundamento de su propia dignidad. En realidad, son la dignidad del hombre y la unidad de la familia humana los que confieren su valor al genoma humano y exigen que éste sea protegido de manera especial".

---

[47] *Ibidem*, p. 227.

Además, califica al artículo 10 como "muy oportuno" al indicar que ninguna investigación sobre el genoma humano podrá prevalecer sobre el respeto de la dignidad humana.

Asimismo, manifestó que el hecho de que los no nacidos y los embriones humanos no sean explícitamente protegidos abre la puerta a las discriminaciones y violaciones de la dignidad humana.[48]

En agosto de 2001, Elio Sgreccia, en su calidad de vicepresidente de la Pontificia Academia para la Vida, en el marco del debate de la clonación de seres humanos y la dignidad, manifestó que el valor de un hombre no se puede asemejar al de una rata, y que la dignidad humana va más allá del tiempo, por lo que la clonación era un acto inmoral, ya que era la peor manifestación de la esclavitud.[49]

En el año 2002, durante una entrevista para el servicio informativo Zenit, de orientación católica, Elio Sgreccia afirmó, en torno a varias técnicas relativas a las nuevas tecnologías,

> que la ley moral natural es un principio válido para todos y que presupone una elevada concepción del hombre, que ha de ser respetada por su dignidad intrínseca y por la defensa de su bien auténtico. El derecho natural exalta y defiende la dignidad del individuo, desde su concepción hasta su muerte, enfermo o sano, discapacitado o con plenas capacidades. El derecho natural no es algo que se han inventado los católicos y no tenerlo en cuenta constituye una afrenta a la razón humana. La dignidad humana debe ser respetada a todos los niveles, y mucho más en la unión entre los dos sexos.[50]

[48] E. Sgreccia (1997b). *Observaciones sobre la "Declaración Universal sobre el Genoma Humano y los Derechos Humanos"*, París, 11 de noviembre de 1997.

[49] E. Sgreccia (10 de agosto de 2001), monseñor Sgreccia reitera oposición de la Santa Sede a clonación de seres humanos. Eclesiales.org. Disponible en http://www.corazones.org/diccionario/clonacion_vat. htm#Monseñor Sgreccia reitera oposición de la Santa Sede a clonación de seres humanos.

[50] E. Sgreccia (26 de febrero de 2002), "Academia para la Vida quiere unir a laicos y católicos contra el aborto". Zenit.org. Disponible en http://www.zenit.org/es/articles/academia-para-la-vida-quiere-unir-a-laicos-y-catolicos-contra-el-aborto

En este sentido, otra de las grandes aportaciones de Sgreccia ha sido la crítica al funcionalismo. De hecho, es de los primeros autores que hace una crítica al funcionalismo de Singer y, además, este punto lo ha llevado a cabo insistentemente. Sgreccia ataca al funcionalismo afirmando que el fundamento de la dignidad es la concepción metafísica de persona, en el fondo, su alma. Es la naturaleza humana compuesta de cuerpo y alma.

Siendo presidente de la Pontificia Academia para la Vida, durante una conferencia en la Embajada de Croacia ante la Santa Sede, Sgreccia expone:

> La persona humana es un "sujeto" y no un "objeto". Se necesita una bioética que advierta sobre el significado de los diversos intentos de la biotecnología que busca hacer de la persona humana "un objeto y no un sujeto", con la intención de "reconstruir diversas especies humanas. [...] Como creación de Dios, el espíritu desde el mismo momento de la concepción es el fundamento de la dignidad de la persona humana, es quien anima y estructura el cuerpo, es su fuente energética y de información".[51]

Durante su exposición, Elio Sgreccia explicó que las ideologías del eugenismo "parten de la afirmación de la libertad del hombre para no sentirse dependiente de nadie, no sentirse creado". Esto lo convierte en un objeto potencialmente manipulable. De igual modo, declara que "la libre aceptación de ser creado no es sólo un acto de fe, sino también un acto racional". El camino para llegar a la creación de una ética para la biología consistirá en "dialogar y comunicar, continuamente con quienes toman parte en estos procesos". En este sentido, Elio Sgreccia citó al filósofo alemán Jürgen Habermas, agnóstico, cuya mirada desde la ética comunicativa y el futuro de la naturaleza humana, sostiene que si alguno modifica el genoma de otro, se abriría paso al dominio de unos sobre los otros. Daría paso a lo que

---

[51] E. Sgreccia (2007b). El genoma es patrimonio de cada uno. Conferencia en la Embajada de Croacia ante la Santa Sede, 20 de marzo de 2007.

Habermas llamó la instrumentalización del ser humano, incluido el embrión.[52]

En mayo del 2007, Sgreccia calificó, en la Ciudad del Vaticano, el proyecto de ley presentado por el gobierno británico que autorizaba por primera vez la utilización de embriones híbridos de humanos y animales con fines de investigación, como "ofensa a la dignidad humana". Así, afirmó que "*la creación de un híbrido hombre-animal es una frontera que hasta ahora había sido prohibida en el campo de la biotecnología por todos, no sólo por las asociaciones religiosas. Compromete y ofende la dignidad humana, y además pueden crearse monstruosidades*".[53]

A este respecto, en una entrevista concedida a Radio Vaticano, Sgreccia explicó que "*es verdad que estos embriones luego son eliminados, se les saca las células, pero de todos modos la creación de un ser hombre-animal representa una frontera violada en el campo de la naturaleza, la más grave. La condena moral por este motivo debe ser total, ante todo en nombre de la razón y en nombre de la justicia y de la ciencia, que debe ponerse al servicio del hombre y respeto de la naturaleza humana*".[54]

En mayo de 2007, Elio Sgreccia, en su condición de presidente de la Academia Pontificia para la Vida y durante una conferencia en el Congreso Internacional de Bioética celebrado en la Universidad Católica San Antonio de Murcia (UCAM), destacó que "*la presencia del alma espiritual desde el primer momento de la concepción hasta la muerte natural asegura la inmutable y plena dignidad del ser humano*".

---

[52] E. Sgreccia (2007b). *Op. cit.* Habermas considera que dotar de dignidad humana a los embriones es un asunto con fuerte sentido religioso. Por eso ve con escepticismo la posibilidad de que los embriones sean considerados seres humanos con igual dignidad que los individuos nacidos. Sin embargo, siguiendo a Kant, afirma que los embriones, merecen un tratamiento especial y no deben ser objeto de la mera manipulación.

[53] E. Sgreccia (2007c). *Ofensa a la dignidad humana.* Academia Pontificia para la Vida, 18 de mayo de 2007.

[54] E. Sgreccia (2007c). *Op. cit.*

Para Sgreccia, la dignidad basada en la ética ontológica "se presenta como algo universal", lo que no sucede "en la ética de los derechos que hoy prevalece". Con base en el pontificado de Juan Pablo II, expresó que la Iglesia vuelve a meditar la realidad a la luz de la cristología para ofrecer al mundo la propuesta de una sociedad fundada en la dignidad de la persona humana, creada por Dios y redimida por Cristo.[55]

En torno al tema de la denominada "muerte digna", afirma Sgreccia en relación con la variable dignidad que

> aceptar la "muerte digna" implica que, quien ha perdido las energías que debe brindar a la comunidad, se convierte en una carga para ella y por lo tanto debe ser eliminado. Se trata de una versión moderna del principio espartano que justificaba eliminar a los niños que nacían con discapacidades, porque le imposibilitaban intervenir en las guerras que se libraban en defensa de la sociedad. De igual modo, en la Roma imperial, "la exaltación de la fuerza de la juventud y del vigor físico (que hacían concebir una verdadera repugnancia por la vejez y la enfermedad)".[56]

Como podemos comprobar, para Sgreccia, la dignidad humana no acepta graduación como cuando se identifica esta dignidad con la percepción del bienestar personal. "El concepto de dignidad traduce a nivel axiológico, la concepción cristiana que ve al hombre como única criatura que Dios ha querido por sí misma, y que está estrechamente ligada a la Gloria de Dios Creador siendo "su imagen y semejanza" (1 Cor 11,7).

> Cualquier discurso sobre bioética debe insistir ante todo en aquello que es racionalmente válido para cualquier hombre creyente o no creyente [...]. Por esto, la Constitución pastoral *Gaudium et spes* habla de la dignidad del hombre afirmando que "según la opinión casi máxima de creyentes y no creyentes, todo

---

[55] E. Sgreccia (2007d). *El pensamiento de Juan Pablo sobre la vida.* Conferencia inaugural del Congreso Internacional de Bioética. ucam. Murcia, 14 de mayo de 2007.

[56] E. Sgreccia (2009a). *Op. cit.,* p. 850.

lo que existe en la tierra debe ordenarse al hombre, como su centro y su culminación".[57]

Sgreccia indica que hay muchos signos de una reivindicación del hombre de disponer plenamente de sí, de su propia vida y de su propia muerte. Aquí, la secularización se ve reforzada por la búsqueda del utilitarismo productivista y por la ética del hedonismo, para las que el dolor y el sufrimiento deben ser rechazados.[58]

Para Sgreccia, no se puede dar a la ética otro fundamento más verdadero que el respeto de la persona tal y como es. Todos los demás criterios conllevan utilidad, poder o eficacia de dicho poder de alguien en detrimento de otros, "cada vez más amplio para algunos, cada vez más opresor para otros". El respeto de la vida en sus inicios es el respeto al Creador y en su final, es el respeto al encuentro del hombre con el Creador.[59]

3.2.5. Elio Sgreccia y la bioética personalista

Según relata el mismo Sgreccia, en 1984 el rector de la Universidad del Sacro Cuore le pidió que escribiera un pequeño manual para sistematizar las ideas que transmitía en su cátedra de Bioética. En palabras del autor:

> En aquel tiempo, se encontraban muchos artículos en las revistas y empezaban a salir noticias de bioética, pero no se conocía bien qué era la bioética, qué abarcaba y, sobre todo, cuál era su fisonomía científica y epistemológica. Pasaba esto, inclusive, en las universidades. Así se me encargó dar una pequeña sistematización de las ideas y algunas nociones preliminares.[60]

---

[57] E. Sgreccia (1999). "Aspectos éticos de la asistencia al paciente moribundo", en *Revista Humanitas* (15), Universidad Católica de Chile.

[58] E. Sgreccia (2009a). *Op. cit.*, p. 855.

[59] E. Sgreccia (2009a). *Op. cit.*, p. 869.

[60] E. Sgreccia (2001). *Op. cit.*, p. 8.

Sgreccia sostiene entonces que la cuestión central consistía en establecer cuál era el criterio fundacional por el cual se podía afirmar que la intervención sobre la vida del hombre, y sobre la vida en general, estaba justificada. Es decir, de qué manera puede llevarse a cabo ese juicio y dónde se fundamenta la bioética.

En ese tiempo, sobre todo en Estados Unidos, era conocido el libro de Bauchamps y Childress, *The Principies of Biomedical Ethics*,[61] el cual postulaba lo que se llamó "principialismo", con sus cuatro principios de la ética biomédica, principio de no-maleficencia, principio de beneficencia, principio de autonomía y principio de justicia.

A partir del análisis de Sgreccia se vislumbra que ese principialismo no permitía buscar una proyección cierta. En el mismo

> permanecía subyacente un relativismo, porque los cuatro principios no presentan, según los autores, una subordinación, una jerarquía. Se deben confrontar, se deben parangonar con la balanza, de forma tal que, en la decisión última, puede prevalecer a veces uno de los principios, a veces otro y el que lo hace con más frecuencia es el principio de autonomía. Con el principialismo no se tenía ni se tiene la seguridad de un juicio cierto fundado sobre la verdad, sobre el conocimiento de la ley ética, de la verdad ética y se constataba la permanencia de un presupuesto no unívoco.[62]

Finalmente, Sgreccia, partiendo de su preparación no sólo en el campo de la teología sino también de la filosofía se abocó a estudiar, como hemos visto anteriormente, sobre todo, el personalismo. Así, según hemos analizado en el capítulo anterior, estudió a autores como Mounier, Maritain, Gilson, que se fundan sobre la antropología de santo Tomás de Aquino, y otros autores más cercanos en el tiempo, más modernos, como Rovighi, Bontadini o Karol Wojtyla.

---

[61] T. Beauchamp y J. Childress (2001). *Principles of Biomedical Ethics.* Oxford University Press: Nueva York.

[62] *Ibidem.*

Entre los años ochenta y noventa, Sgreccia fue interiorizándose en diversas teorías llamadas "personalismos". El personalismo, por ejemplo, existencialista que subraya, sobre todo, la subjetividad (la persona es un sujeto, capaz de decisiones libres, de reflexionar, consciente). Por otro lado, el personalismo de la hermenéutica subraya la subjetividad de los conocimientos (cada persona, cada sujeto, conoce con su típica perspectiva, a saber, una recomprensión de la realidad). En estos tipos de personalismo encuentra Sgreccia, también, subjetivismo y cierto relativismo. Por esto, subraya que el personalismo al cual él hace referencia será el personalismo ontológico. A este respecto, dice Sgreccia:

> No se podrá prescindir de una antropología de referencia, dentro de la cual el valor de la vida física corporal, del amor conyugal y de la procreación, del dolor y de la enfermedad, de la muerte y del morir, de la relación libertad-responsabilidad, individuo y sociedad, encuentren su propio marco y su valoración ética. [...] En cuanto a la antropología, haremos referencia a esa concepción antropológica que, a nuestro modo de entender, da mayor justicia al significado real y objetivo del hombre y contribuye a su valoración: el personalismo ontológicamente fundado. Éste se presenta como una visión integral de la persona humana, sin sujetarse a reducciones ideológicas ni biologicistas.[63]

El planteamiento personalista de Sgreccia ha contribuido enormemente a iluminar muchos de los grandes debates de la bioética contemporánea, en los que algunos autores llegan a distinguir entre seres humanos y personas,[64] con lo que pueden negar la condición de persona a algunos seres humanos, privándoles simultáneamente de su dignidad y de los derechos que ella trae aparejados. El análisis filosófico de los conceptos de persona y dignidad que nos ofrece la perspectiva personalista de Sgreccia, nos permite afirmar que todo

---

[63] E. Sgreccia (2009a). *Op. cit.*, p. 29.

[64] Cfr. P. Singer (1979). *Ética práctica*. Barcelona: Ariel; H.T. Engelhardt (1995). *Op. cit.*

ser humano es persona, que posee una dignidad, que debe ser respetada incondicionalmente en su libertad.[65]

Sólo una fundamentación ontológica de la persona puede responder efectivamente a una "cultura de la vida" en contra de una "cultura de la muerte", pues es la única que no reduce la persona a sus actos específicos, sino que acepta la existencia de la persona, en tanto substancia, cuando sus actos aún no reflejan todas sus capacidades, por falta de desarrollo como lo sería el caso del embrión o cuando sus capacidades ya desarrolladas no pueden expresarse, por una discapacidad física o intelectual que sobreviene accidentalmente.[66]

3.2.6. El reconocimiento de la dignidad humana en la sociedad

Una de las principales propuestas de Sgreccia es que es necesario definir la calidad de vida en un "sentido personalístico, conforme a la dignidad de la persona humana, teniendo en consideración las necesidades, los deseos y los valores".[67]

Elio Sgreccia opina que para tener una verdadera calidad de vida se deben satisfacer las necesidades fundamentales, a partir del respeto a la vida, como son vestido y alimento, pero que además, el hombre necesita tener una familia y ser aceptado socialmente.

Por otro lado, la persona acrecienta sus deseos cuando se abre hacia el bienestar. Según Sgreccia "no todos los deseos son malos: por ejemplo, el deseo de amistad, de tiempo libre y de recreación mental, del placer del arte y de la naturaleza, y de la disponibilidad de las cosas que el mundo ofrece, son deseos lícitos", aunque también reconoce que la sociedad actual se proyecta en gran medida hacia la

---

[65] T. Taboada (2008). *Op. cit.*, p. 93.

[66] Cfr. Juan Pablo II (25 de marzo de 1995). Enciclica *Evangelium vitae*. 28: AAS 87 (1995).

[67] E. Sgreccia (1992). *Op. cit.*, p. 15.

satisfacción de los deseos, por lo que Sgreccia opina que esta proyección debería ser guiada por la esfera de los valores, para no caer en una dinámica de desilusión y de consumismo que termine por destruir a la persona misma.[68]

Estos valores son no deberían ser solamente aquellos internos a la persona y a la relación social, sino sobre todo aquellos que alimentan la esperanza y la trascendencia de la persona, por lo que Sgreccia sostiene que la persona humana puede superar su egoísmo y sus pasiones cuando se abre a la trascendencia, a Dios y a la salvación eterna.[69]

Por otro lado, Sgreccia se refiere a la metodología para llevar adelante una civilización de valores, que es según él, "la civilización del amor", que requiere tratar los tres componentes de la sociedad que actúan con frecuencia en sentido negativo y que son la ciencia, la política y la cultura. Una correcta relación y un vínculo sano entre estos tres aspectos, daría lugar a la beneficiosa creación de una sociedad democrática que se asentara sobre valores de igualdad y libertad. Por ello, para vivir la "civilización del respeto de la vida y de la persona" se requiere que todos los miembros de la sociedad, y según Sgreccia "sobre todo la Iglesia, abra un diálogo más intenso con el mundo de la ciencia" en especial en lo que respecta a las ciencias biomédicas; a su vez con los políticos y los legisladores y con las conciencias individuales y la cultura popular.[70]

Lo importante y fundamental aquí es que en el reconocimiento de este derecho se fundamenta la convivencia humana y la misma comunidad política, aunque el problema, según la doctora Donadío Maggi,

---

[68] *Ibidem*, p. 15.

[69] *Idem.*

[70] *Idem.*

con las nuevas perspectivas abiertas por el progreso científico y tecnológico, surgen nuevas formas de agresión contra la dignidad del ser humano, a la vez que se va delineando y consolidando una nueva situación cultural, que confiere a los atentados contra la vida un aspecto inédito y —podría decirse— aún más inicuo, ocasionando ulteriores y graves preocupaciones: amplios sectores de la opinión pública justifican algunos atentados contra la vida en nombre de los derechos de la libertad individual y, sobre este presupuesto, pretenden no sólo la impunidad, sino incluso la autorización por parte del Estado, con el fin de practicarlos con absoluta libertad y además con la intervención gratuita de las estructuras sanitarias.[71]

La magnitud ontológica y de valor de la persona, a la cual venimos haciendo referencia en este trabajo, se manifiesta, según Elio Sgreccia, también cuando se la relaciona con la sociedad. Y en esta relación la persona no debe ser considerada como una parte, ni la sociedad debe ser considerada como un "organismo viviente" —posición concerniente a la concepción organicista—, sino que, según Sgreccia, es desde el centro de la persona de donde nace la sociedad y, sin embargo, mientras que la persona es el origen de la sociedad, no se disuelve en lo social-temporal ni en lo político. Esto representa la más grave catástrofe de la humanidad.[72]

En este sentido, es necesario afirmar que "en toda persona se resume el todo del mundo y el sentido del cosmos, y se justifica la organización social y el mismo orden jurídico". Así, la noción de "bien común" no es el promedio estadístico de los bienes pertenecientes a cada persona, en una concepción cuantitativa de lo social, sino que "el bien común se debe entender como el bien que se hace realidad en todos y cada uno de los componentes de la sociedad de forma suficiente y justa".[73]

La dignidad personal se presenta siempre, con la misma fuerza e intensidad, en cada ser humano. Es en efecto una realidad que

---

[71] M.C. Donadío (2004). *Op. cit.*

[72] E. Sgreccia (2009a). *Op. cit.*, p. 154.

[73] Cfr. *Ibidem*, p. 155.

mientras distingue al hombre de las cosas y de los demás seres vivientes, indica que el mismo no puede ser sometido al dominio de nadie.

Pero además, aquello que nos comunica con el entorno y con los otros es nuestro cuerpo como nuestra propia individualidad constituyente. La corporeidad constituye, según Sgreccia, el "principio de comunicación, de epifanía de la persona, porque el espíritu es más grande, trasciende el cuerpo".[74] De esta manera, se comprueba que el cuerpo es también un límite. Es el límite en el cual nuestro espíritu se escribe durante todo el tiempo de su existencia de este mundo. Es límite además porque está sujeto a la enfermedad, a la muerte.

Sin embargo el autor distingue entre el organismo físico y el organismo social. En la sociedad, las partes no encuentran su razón de ser en el todo: cada parte de la sociedad, es decir, cada persona, contiene en sí misma toda la dignidad de la totalidad y es un exponente que representa a toda la humanidad. No se puede comparar al miembro del organismo físico con el miembro del organismo social, porque para Sgreccia, la persona es más que la sociedad, la persona crea la sociedad por el bien de las personas individuales en el organismo social. "En el organismo físico, al contrario, cada parte está al servicio de la totalidad. Este es un punto muy importante porque hace lícito, por ejemplo, intervenir en la parte en beneficio del todo".[75]

Sgreccia realiza una propuesta a la sociedad, que es la "educación en valores", valores que deben ser objetivos, pero con una fuerte penetración subjetiva en las conciencias, que tengan un polo común aglutinador, la persona humana. Se hace necesario ofrecer una justa concepción de la persona humana como fuente de la sociedad y su primera riqueza. El problema actual es que todos se refieren a la persona humana, pero a menudo con una concepción puramente inmanente. Por ello, Sgreccia afirma que "es necesario captar su valor

---

[74]   E. Sgreccia (2001). *Op. cit.*

[75]   *Ibidem.*

ontológico y trascendente, metahistórico, por ser espiritual e inmortal, abierta al infinito y capaz de trascendencia".[76]

3.2.7. La dignidad y los derechos humanos

La bioética debe asegurar, de acuerdo con los derechos humanos, la armonía entre el progreso de carácter cognoscitivo y técnico y el progreso de orden moral y cultural. Este es uno de los resultados más difíciles en el camino de la civilización,[77] abordado por Elio Sgreccia en las conferencias impartidas por él cuando fue designado, por parte de la Pontificia Universidad Católica Argentina, Profesor Honoris Causa, en el año 2008. En ellas analiza la relación entre bioética y derechos humanos, y reitera la actualidad de la primera como praxis importante para la conciencia del hombre.

Según Hugo Obiglio, Sgreccia sostiene que todavía la sociedad no ha comprendido la sana orientación que puede ofrecer la bioética, "esto teniendo en cuenta que sólo una antropología personalista es la que, pausada pero ordenadamente, los docentes deberían hacer suya para transmitir la verdad. La difusión de la bioética tiene en ocasiones connotaciones políticas, económicas y sociales que desvirtúan esa verdad que en libertad todos tratamos de encontrar."[78]

Sgreccia parte en estas conferencias de una realidad establecida, residente en el hecho de que la declaración universal de los derechos humanos de 1948 es la respuesta a la necesidad de establecer fronteras éticas y de comportamiento que tuviesen valor para todos los hombres en cada caso.[79]

Así, si en un primer momento fueron los derechos humanos los que salieron al encuentro de la bioética, ahora es la bioética, o

---

[76] E. Sgreccia (2011), *Manual de bioética,* II. Aspectos médico sociales. Madrid: BAC, pp. 25-26.

[77] Cfr. E. Sgreccia (2000). *Op. cit.*

[78] *Ibidem*, introducción del compilador.

[79] *Ibidem*, p. 19.

mejor dicho los escenarios y los interrogantes que suscita, lo que provocan al derecho y a los derechos humanos. Por esto, sostiene Sgreccia que una real inserción del derecho en las cuestiones bioéticas es la difusión del léxico cultural de expresiones tales como bioderecho y conciencia biojurídica que encuentran en el ámbito nacional e internacional una de las más altas expresiones.[80]

La crisis que atraviesa el concepto mismo de los derechos humanos en su dificultad de definir su fundamento, es la misma crisis que atraviesa la bioética, todas las veces que nos interrogamos sobre sus fundamentos. La cuestión del fundamento, es por lo tanto el mayor interrogante de la bioética y de los derechos humanos. Dicha cuestión se refiere a la pregunta sobre la prioridad y consistencia de valores que queremos oponer al fundamento del juicio y del discernimiento en bioética. Sgreccia afirma que esta cuestión nos lleva irremediablemente a preguntarnos si existe un criterio verdadero por encima de sociedades, culturas y opiniones, y si existe algo "sagrado" en el hombre, agente responsable y beneficiario al mismo tiempo de la bioética, por lo que deba ser respetado. Sin una respuesta a esta pregunta no se puede hacer bioética sino en forma débil y aproximativa,[81] y es, según Sgreccia, la falta de compromiso sobre estas y otras preguntas fundamentales acerca de la vida presente y futura, el punto frágil de la mayoría de la reflexión bioética actual.[82]

El derecho a la vida, a existir, es la primera de las inmediatas expresiones de la dignidad humana. Y al mismo tiempo, el primero y más fundamental de todos los derechos humanos, el derecho básico y fundante. Sin él desaparecen también los otros porque es, lógicamente, el supuesto indispensable.[83] Sin embargo, en la actualidad

---

[80] *Ibidem*, p. 20.

[81] *Ibidem*, p. 21.

[82] *Ibidem*, p. 31.

[83] *Ibidem*, p. 34.

existen grandes contradicciones a este respecto, tal y como anunciara Juan Pablo II en la encíclica *Evangelium Vitae*:

> Después de descubrir la idea de los "derechos humanos" [...] incurre hoy en una sorprendente contradicción: justo en una época en la que se proclaman solemnemente los derechos inviolables de la persona públicamente el valor de la vida, el derecho mismo a la vida queda prácticamente negado y conculcado, en particular en los momentos más emblemáticos de la existencia, como son el nacimiento y la muerte.[84]

Sgreccia afirma que es necesario aclarar en la legislación internacional si se trata de actos de reconocimiento o de actos de voluntad, de actos de verificación o de actos constitutivos, pues si se tratase de actos de voluntad, la idea de los derechos humanos perdería su fuerza, principalmente porque los acuerdos internacionales y las leyes internas de los Estados pueden ser cambiadas, porque estarían sujetas a la voluntad de quien manda. Por otro lado, estas formas de razonamiento parecen inadecuadas "cuando se trata de decidir si existe y en qué medida existe el derecho humano, cuya vigencia no depende del legislador que escribe sino de su misma ontología, la ontología del hombre reconocible en cuanto es inherente a la naturaleza humana".[85]

Así, Sgreccia opina que la persona pierde su postura digna y misteriosa cuando la dignidad humana no es considerada como el fundamento de todos los derechos humanos, sino que ella misma es considerada como un derecho humano añadido.[86]

La posición de Sgreccia, y en general la concepción personalista, nos conduce a respetar la vida física del hombre desde su fecundación, su integridad y su salud, en nombre de la dignidad de la persona. El concepto de dignidad humana, de derechos humanos, y

---

[84] Juan Pablo II (25 de marzo de 1995). Enc. *Evangelium vitae*. AAS 87 (1995).

[85] E. Sgreccia (2000). *Op. cit.*

[86] *Ibidem.*

en particular del derecho a la vida, es fundamento y razón de la bioética y del bioderecho. Sgreccia afirma que es urgente en la época actual identificar con igual dignidad dentro del reconocimiento de los derechos humanos fundamentales, la vida de cada ser humano, desde el momento de la fecundación hasta su muerte natural. Sólo en el respecto y en la promoción integral de cada ser humano, la reflexión sobre los derechos humanos podrá guiar el paso de la humanidad hacia el camino de la auténtica solidaridad y sobre el plano elevado de la verdadera civilización.[87]

Con respecto a la sanidad, Sgreccia afirma que la Organización Mundial de la Salud (OMS) ha promovido unas políticas deficitarias en algunos aspectos que no han impedido una especie de imposición colonial para disminuir la natalidad mediante la contracepción, el aborto y la esterilización relacionadas con las ayudas económicas, en países de Asia, América Latina y África, cuyas "condiciones de salud se han quedado gravemente por debajo de los niveles de la dignidad humana".[88] En opinión de Sgreccia, la sostenibilidad económica no puede ser el fin último de la medicina, sino que debe buscarse, además de en el ámbito económico, en el de la primacía antropológica del valor-persona.[89]

Sgreccia mantiene que la noción de los derechos humanos engloba el conjunto de exigencias del mismo hecho de ser hombre, por lo que su reconocimiento no depende de factores externos o de terceras personas, sino que se desprenden del mismo hecho de pertenecer a la familia humana. En la actualidad existe una distinción clara entre los derechos humanos éticamente exigidos y los definidos jurídicamente, lo que puede provocar que algunos derechos correctamente razona-dos y válidos desde el punto de vista ético, no se encuentren entre los definidos jurídicamente. Además, entre los

---

[87] *Ibidem.*

[88] E. Sgreccia (2011). *Op. cit.*, p. 7.

[89] *Ibidem*, pp. 29-30.

derechos humanos entendidos éticamente, existe una jerarquía de valores con un doble orden: el de la fundamentalidad de la vida física (fundamental con respecto al resto de valores) y el de la dignidad, que valora la libertad, la responsabilidad y la autonomía como finalización de la maduración moral de la persona.[90]

3.2.8. Elio Sgreccia y la discapacidad

Mención aparte merece la opinión de Elio Sgreccia sobre la discapacidad, la cual, afirma, golpea en lo más profundo de la persona y en la estructura moral del individuo. Las reacciones inconscientes por parte de los sanos ante la discapacidad explican algunos de los sucesos actuales en los que se encuadra una mentalidad selectiva y eugenésica despiadada sobre todo en la fase prenatal y neonatal. Afortunadamente, la persona es capaz de transgredir la corporeidad y utilizar sus capacidades reducidas para interactuar con la sociedad o en el caso de la discapacidad mental, es capaz de provocar la respuesta de la solidaridad en la sociedad.[91] En la actualidad asistimos a un avance de las teorías utilitaristas aclamadas por unos y simplemente aceptada por otros que afirman que la "verdadera prevención" para la discapacidad se encuentra en el diagnóstico prenatal que conlleva al aborto selectivo.[92]

Con carácter general y con el objetivo de iluminar las decisiones de tipo social y sanitario que sean válidas para todos los discapacitados, Elio Sgreccia indica que no podemos analizar conjuntamente todos los problemas particulares de cada tipo de discapacidad. Por ello, "una concepción de tipo personalista exige que cada discapacitado sea tratado por sí mismo, porque no existen personas discapacitadas con las mismas exigencias". Así, Sgreccia opina que es

---

[90] *Ibidem*, pp. 92-93.

[91] E. Sgreccia (2011). *Op. cit.*, pp. 585-586.

[92] *Ibidem*, pp. 587-588.

precisamente en el terreno ético donde se puede hallar el denominador común para todos los discapacitados y para todos los tipos de discapacidad, siendo el primer y más fundamental principio ético el derecho a ser tratados como personas. Por tanto, la primera exigencia desde el punto de vista ético y antropológico, como hemos analizado en los capítulos precedentes, es la de reconocer al minusválido, independientemente de su minusvalía, "la plena dignidad de la persona humana", ya que ésta es inherente a la persona por el simple hecho de ser hombre.[93]

A este respecto, nos recuerda Sgreccia que todos aquellos que remitimos la dignidad humana al Creador, de quien cada uno de nosotros es imagen, esta dignidad asume una dimensión aún más grande, por lo que es afirmada en varios documentos de la Iglesia católica.[94] Así, pues, en virtud del principio analizado anteriormente de sociabilidad-subsidiariedad, debido a que todos los hombres somos iguales en dignidad y derechos, quien no pueda gozar de su personalidad por sí solo, deberá ser ayudado por toda la sociedad.

La medicina rehabilitadora es la que, en opinión de nuestro autor, mejor nos puede ayudar a distinguir entre la ontología y la fenomenología de la persona. La ontología (su dignidad y valor trascendente) es mucho más grande de la que el discapacitado pueda llegar a realizar. La profundidad del ser personal, que tiene la misma dignidad y valor que cualquier otro ser humano va mucho más allá de cualquier discapacidad. Por esto, la ética personalista, para la medicina rehabilitadora, no sólo pide a la sociedad la ayuda económica necesaria, sino que reclama, en nombre de la dignidad e igualdad de las personas, que ponga a disposición de los discapacitados, los medios y estructuras necesarias para la recuperación.[95]

---

[93]   *Ibidem*, p. 593.

[94]   *Ibidem*, p. 594.

[95]   *Ibidem*, pp. 613-615.

En palabras de Sgreccia, estar a favor del derecho a la rehabilitación, quiere decir estar a favor del derecho a la vida y por la igual dignidad de los hombres. Por otro lado, la rehabilitación del cuerpo de una persona implica a los profesionales que actúen en favor del bien de la persona entera, pero también les implica en la acción hacia una sociedad más justa.[96]

3.3. Críticas a Elio Sgreccia

Ya hemos apuntado en el primer capítulo de este libro que Elio Sgreccia, aun a pesar de ser un autor tremendamente prolífico en el campo de la bioética personalista, no ha recibido un especial reconocimiento por parte de algunos sectores de la bioética.

En este sentido, podemos citar, por ejemplo, el Observatorio de Bioética y Derecho de la Universidad de Barcelona. Elio Sgreccia no aparece citado en ninguno de los artículos o libros publicados por el mencionado observatorio o su cátedra UNESCO. Tampoco aparece en la lista de autores de su revista *Bioética y Derecho*.

Al ser un autor perteneciente a la Iglesia católica, no sólo ha recibido críticas a sus aportaciones, sino que, en ocasiones, también se ha visto marginado de las corrientes académicas dominantes, por ejemplo, el autor John L. Allen, Jr., que escribe que cada vez que en el debate público surge una cuestión de moralidad sexual, Elio Sgreccia es un elemento básico de los programas de entrevistas italianas, y lo define como un personaje pequeño, calvo y de figura regordeta, que se parece un poco a Yoda de *Star Wars*.[97]

---

[96] E. Sgreccia (2009b). "Bioética y rehabilitación", en *Persona y Bioética* (6) [*Online*]. Disponible en http://personaybioetica.unisabana.edu.co/index.php/personaybioetica/article/view/704/1920 (consultado el 14 de mayo de 2014).

[97] J. Allen, Jr. (2004). *All the Pope's Men: The Inside Story of How the Vatican Really Thinks*. Nueva York: Doubleday Religious, p. 171.

La fundamentación de Elio Sgreccia ha recibido críticas, como las de Mario Caponnetto, cuando dice:

> Al poner el fundamento de la moralidad en la persona y en su dignidad queda, necesariamente, eclipsada la noción de naturaleza y, por ende, las nociones capitales de fin y de bien; en consecuencia, se debilita el verdadero fundamento de la moralidad que no es otro, como decimos, que la misma naturaleza humana. Conviene recordar que el bien moral es toda acción o todo objeto que posibilite al hombre llevar a cabo la plena realización de su naturaleza que es la de un ser dotado de razón. La naturaleza, pues, es la que fija el fin de las acciones humanas y, al mismo tiempo, la que actúa como principio, regla y norma de tales acciones.

No estamos afirmando que el personalismo ético de Sgreccia desconozca el valor de la naturaleza humana ni eluda la cuestión del bien; de hecho, la Federación Internacional de Centros e Institutos de Bioética de Inspiración Personalista (FIBIP), creada en 2002, por directa iniciativa de monseñor Sgreccia, en el artículo 4 de su estatuto fundacional, hace expresa mención a "la búsqueda del bien común a través de la promoción del bien de la persona humana". Sólo decimos que a partir de una prevalencia demasiado impostada de la persona, dicha naturaleza —y con ella la consideración fundamental del orden del fin y de la trascendentalidad del bien— sufre un cierto eclipse lo que, en definitiva, se traduce en una inevitable debilidad de los cimientos mismos de la ciencia moral. En efecto, al poner en la base de la ética a la persona sin aclarar suficientemente que sólo en razón de su naturaleza racional es posible afirmar su fin y su bien propios, que son trascendentes a la persona misma, se corre el riesgo de absolutizar a la persona con la inevitable caída en un inmanentismo —y consecuente relativismo ético— que es precisamente lo que se pretende superar.

> No desconocemos que en una cultura como la actual, en estos tiempos caracterizados por grandes cambios y fuertes convulsiones, que valora en mucho la dignidad de la persona y cifra el fundamento de la moral y del derecho en el reconocimiento de los llamados derechos

humanos, pero sin acertar a vislumbrar el recto sentido de aquella dignidad y de estos derechos, la propuesta personalista de Sgreccia constituye un valioso aporte clarificador y una vía inestimable de diálogo cristiano con la ciencia y la sociedad de nuestros días aún con las limitaciones apuntadas. Pero, en una estricta perspectiva científica y epistemológica, el enfoque personalista resulta insuficiente para elaborar una bioética asentada sobre el sólido fundamento de la filosofía moral.

Así, autores como Juan Manuel Burgos afirman que la mejor opción para fundar la bioética personalista viene dada por el personalismo ontológico moderno, desarrollado desde un punto de vista antropológico por Wojtyla y la bioética por Sgreccia.[98] Y añade: "Elio Sgreccia es, a mi juicio, quien ha trabajado con más claridad y profundidad desde esta perspectiva".

Sgreccia se identifica con un personalismo ontológico de raíz realista y tomista que incorpora elementos modernos y, a partir de aquí, comienza su propuesta constructiva en el ámbito de la bioética que contiene dos elementos: el primero es un desarrollo, desde estos presupuestos antropológicos, de conceptos clave en bioética como los de vida y corporalidad. El segundo es la propuesta de cuatro principios de bioética personalista "relativos a la intervención del hombre sobre la vida humana en el terreno biomédico".[99] Sin embargo, Burgos critica que dichos principios, especialmente el principio de libertad y responsabilidad, y el principio de sociabilidad y subsidiariedad, adolecen de "falta de especificidad", por lo que requieren interpretación. Así, Burgos afirma que los principios, como sistema, pierden significatividad e interés independientemente de que puedan utilizarse en determinados casos.[100] Así, precisa que "quizá la vía de los principios no es la más adecuada —esa perspectiva ya está cubierta por el principialismo—, pero Sgreccia marca sin duda el

---

[98]   J.M. Burgos (2013). *Op. cit.*, p. 17.

[99]   *Ibidem*, p. 25.

[100]   *Ibidem*, p. 26.

camino sobre cómo enfocar los estudios de bioética a partir de unos presupuestos antropológicos personalistas".[101]

En otras ocasiones, Sgreccia también ha sido acusado de establecer juicios éticos de poca credibilidad al estar sustentados en una base poco clara o en datos poco fiables, que incrementan la posibilidad de un falso análisis.[102]

En la entrevista que concedió Elio Sgreccia al autor de esta obra, ante la pregunta sobre las críticas a su libro, respondió:

> En el volumen de G. Fornero y M. Mori titulado *El laico católico,* y en *La bioética: la historia y las teorías de comparación* (House, Florencia: Letras, 2012), mi trabajo ha sido clasificado como "paradigmático" a partir del modelo católico, calificación a la que yo siempre he precisado que ya había indicado que este atributo no se ha de entender la renuncia o la falta de fundamento racional, que, es cierto, no se opone a la apertura de la fe y de la comparación con el Magisterio. G. Fornero ya había definido como coherente la visión católica presentada en mis libros en dos de sus obras: *bioética católica* y *bioética laica* (Mondadori, 2009) y laicidad débil y laicidad fuerte. La contribución de la bioética en el debate sobre la laicidad (Mondadori, 2008).

---

[101] *Ibidem,* p. 27.

[102] R. Hamel (2010). "Pensando éticamente sobre la anticoncepción de emergencia, los juicios críticos requieren de información adecuada y precisa", en *Health Progress,* enero-febrero.

4. Publicaciones analizadas de Elio Sgreccia

Como indicamos en la introducción, hemos tomado como base teórica la obra de Elio Sgreccia, pero dada su extensión, hemos acotado la presente investigación al periodo 1994-2008, coincidente con el desempeño de la responsabilidad de vicepresidente, en primer lugar y posteriormente presidente de la Academia Pontificia para la Vida. No obstante, se han consultado artículos y libros publicados por Sgreccia, así como entrevistas concedidas a diferentes medios aunque hubiesen tenido lugar fuera del periodo indicado, con el objeto de profundizar aún más, si cabe en su pensamiento sobre la dignidad de la persona.

A continuación hacemos un desglose de las publicaciones analizadas.

4.1. Periodo anterior a 1994

Los primeros años de este periodo se caracterizan por las publicaciones derivadas de su tesis doctoral sobre el cardenal Domenico Passionei, consistente, como ya hemos indicado en el capítulo 3, en una investigación teológico-histórica sobre las enseñanzas morales del siglo xvii. Son publicaciones breves, en la revista *Studia Picena* del Istituto Teologico Marchigiano de Ancona, su provincia natal.

A partir del año 1975, coincidiendo con su trabajo como asistente espiritual en la Facultad de Medicina y Cirugía de la Universidad Católica del Sagrado Corazón en Roma, y como miembro consultor de la Pastoral de la salud de la Conferencia Episcopal italiana, comienzan sus publicaciones más directamente relacionadas con temas específicos de bioética. Así, encontramos ya estudios sobre el aborto, en los que analiza cuestiones relacionadas con el embrión humano y la objeción de conciencia, tanto desde el punto de vista de la enseñanza del Magisterio de la Iglesia, como de la praxis sanitaria.

También podemos encontrar estudios sobre múltiples temas relacionados con el estudio de la bioética, como la objeción de conciencia y su implicación en la praxis asistencial, estudios sobre la moral y la defensa de la vida, analizando cada vez con más profundidad temas relacionados con dicha defensa como el diagnóstico prenatal, la malformación fetal, la procreación artificial y la ingeniería reproductiva.

Otros temas tratados por Sgreccia en este periodo son: familia, vejez, salud mental, eutanasia, ética del deporte, rehabilitación, sida, economía y salud, derechos humanos, muerte cerebral y donaciones. Cada vez profundiza más en el análisis ético de los aspectos morales a la luz de la trascendencia, así como en orientaciones y en los problemas de la ingeniería y biogenética en el futuro de la humanidad.

En 1984, comienzan los estudios relacionados con la manipulación genética y los problemas éticos asociados, así como los estudios sobre el genoma humano, que darían comienzo en 1988, con el trabajo titulado "Para descubrir un nuevo mundo: el genoma humano".

Son numerosos los trabajos en este periodo sobre los aspectos éticos y morales de la sanidad, a la luz del cristianismo, pero no es hasta 1984 cuando publica el primer trabajo específico de la disciplina bioética. Es el trabajo titulado "La bioetica. Fondamenti e contenuti", publicado en la revista *Medicina e Morale*. Durante 1984 y 1985, profundiza en la historia y fundamentos de la bioética, hasta que en 1986 publica la primera edición del primer tomo de su mundialmente famoso *Manual de bioética*, titulado "Bioetica: manuale per medici e biologi", escrito en un solo mes (agosto de 1986) y en el mismo año coordina la publicación del primer curso de bioética publicado por la editorial Angeli de Milán.

Este periodo se caracteriza por ser muy profuso en publicaciones breves, la mayoría de las cuales tienen lugar en las revistas *Medicina e Morale* y *L'Observatore Sanitario*. Además, ha publicado en revistas como *La Famiglia, Anime e Corpi, Il futuro dell'uomo* y *Orizzonte Medico*, así como en diferentes revistas de índole pastoral. También, ha participado en la edición de las actas de seis cursos de diferente tipología y de un total de 21 actas entre congresos, jornadas y convenciones.

En este periodo, principalmente en los años 1986 y 1987, Sgreccia elabora varias publicaciones relativas al embrión humano, influenciado por el informe Warnock. Este informe fue el resultado del trabajo efectuado en 1984 por una comisión del Parlamento británico presidida por la filósofa Mary Warnock, sobre las técnicas de reproducción asistida.[1] En dicho informe, una parte mayoritaria de sus miembros (hubo gran controversia en el seno de la comisión) estableció que los embriones preimplantatorios tenían muy escaso valor y podían utilizarse para la investigación. Ante esta circunstancia y el creciente uso de los términos pre-embrión y embrión preimplantatorio, Sgreccia publicó un capítulo en su primera edición del *Manual de bioética* y publicaciones posteriores sobre el pre-embrión humano, las implicaciones éticas de malformaciones fetales, diagnóstico prenatal, implicaciones éticas y jurídicas de la manipulación genética y procreación artificial.[2]

---

[1] M. Warnock (1985). *A Question of Life. The Warnock Report on Human Fertilisation and Embryology*. Oxford: Blackwell.

[2] Cfr. E. Sgreccia (1986a). *Bioetica: manuale per medici e biologi*. Milán: Vita e Pensiero, p. 406, E. Sgreccia (1986b). A proposito del pre-embrione umano. *Medicina e Morale* (1), 5-17. E. Sgreccia (1986c). "Le malformazioni fetali: implicazioni etiche", en *Acta Medica Romana*, XXIV, pp. 539-550. E. Sgreccia (1987a). "La diagnosi prenatale", en *Persona, verità e morale*. Actas del Congreso Internacional de teología moral, Istituto Giovanni Paolo II, Pontificia Università

En 1987, coincidiendo en el tiempo con la publicación de la instrucción *Donum Vitae* sobre el respeto de la vida humana naciente y la dignidad de la procreación,[3] Sgreccia publicó un artículo titulado "Lo statuto dell'embrione umano",[4] constituyendo el primer trabajo en el que un autor aplica el concepto de dignidad al embrión y elabora el estatuto ontológico ético jurídico del embrión. Este concepto, como hemos dicho, aparece por primera vez en el número 1 de la citada instrucción: "¿Cabe hablar de un derecho a experimentar sobre embriones humanos en orden a la investigación científica? ¿Qué directrices o qué legislación se debe establecer en esta materia? La respuesta a estas cuestiones exige una profunda reflexión sobre la naturaleza y la identidad propia —se habla hoy de 'estatuto'— del embrión humano".

Así, pues, éste consiste en uno de los grandes méritos que es de justicia atribuir a Elio Sgreccia, el hecho de haber sido el primer autor que aplica el concepto de "dignidad" al embrión y elabora su estatuto ontológico, ético y jurídico, lo que posteriormente otros autores han referido hasta la saciedad.

Por otra parte, en este periodo ha llevado a cabo numerosas colaboraciones en libros con otros autores. En varias ocasiones es invitado a realizar la introducción o el prefacio y ha actuado como coordinador de varios volúmenes escritos por diversos autores. En este periodo sólo ha escrito un libro como único autor, aparte del ya

---

Lateranense. Roma, 7-12 de abril de 1986. Città Nuova, pp. 315-331. E. Sgreccia (1987b). "Manipolazioni genetiche e procreazione artificiale: implicazioni etiche", en *Etica e trasformazioni tecnologiche*. Actas del 57° Curso de Perfeccionamiento Cultural de la Università Cattolica del Sacro Cuore, Arezzo, 20-25 de septiembre de 1987, Milán: Vita e Pensiero, pp. 174-209. E. Sgreccia y M.L. Di Prieto (1987). "Manipolazioni genetiche e procreazione artificiale: orientamenti giuridici e considerazioni etiche", en *Diritto di famiglia e delle persone*. Milán: Giuffrè (34), pp. 1351-1447. E. Sgreccia (1987c). "Quale etica per le manipolazioni genetiche?", en *Biotechnology Reports* IV, pp. 1-8.

[3] Congregación para la Doctrina de la fe (22 de febrero de 1987). Instrucción *Donum vitae* sobre el respeto de la vida humana naciente y la dignidad de la procreación. AAS 80 (1988).

[4] E. Sgreccia (1987d). "Lo statuto dell'embrione umano", en *Aborto, eutanasia: quale vita?* Bologna: CIC.

mencionado *Manual de bioética*. Se trata de la obra escrita en 1987, titulada *Pastorale sanitaria. Istanze etiche e culturali.*[5]

Con respecto a su publicación estrella, el *Manual de bioética*, vio la luz en el año 1986, con el título *Bioetica: manuale per medici e biologi*, como ya hemos mencionado. En 1988 publicó el primer volumen con un cambio en el nombre: *Manuale di bioetica. Fondamenti ed etica biomédica* y 1991, publicó el segundo volumen titulado *Manual di bioetica. Aspetti medico-sociali.*

Las publicaciones referidas a este periodo son las siguientes:

Periodo 1963-1969

SGRECCIA, E. (1963). "Il fondo 'Card. Passionei' della biblioteca civica di Fossombrone", en *Studia Picena*, XXXI, pp. 122-166.

__________ (1964). "Corrispondenza dell'abate Eusebio Rénaudot con Mons. Guido Passionei e con l'Abate Domenico Passionei negli anni 1708-1709", en *Studia Picena*, XXXII, pp. 91-140.

__________ (1965-1966). "Il parere del Nunzio di Francia Mons. Cusani sul conto del Passionei", en *Studia Picena*, XXXIII-XXXIV, pp. 144-155.

__________ (1969). "Corrispondenza tra il P. Norberto Parisot ed il Card. Passionei", en Studia Picena, XXXVII, pp. 149-181.

Periodo 1970-1980

SGRECCIA, E. (1970-1971). "Corrispondenza di Domenico Passionei nella Biblioteca Oliveriana di Pesaro", en *Studia Picena*, XXXVIII, pp. 62-79.

__________ y Ceccarelli, G. (1973). "Il fondo 'Card. Passionei' della Biblioteca Civica di Fossombrone", en *Studia Picena*, XL, pp. 1-32.

__________ y Fiori, A. (coords.) (1975). *Aborto. Riflessioni di studiosi cattolici.* Milano: Vita e Pensiero.

---

[5] E. Sgreccia (1987e). *Pastorale sanitaria. Istanze etiche e culturali.* Brezzo di Bredero: Edizioni SALCOM.

SGRECCIA, E., *L'insegnamento dei Padri della Chiesa*, pp. 49-68.

__________ y Fiori, A. (coords.) (1976). *Consultori familiari (legge 405/1975)*. Milán: Vita e Pensiero.

__________, *Il consultorio familiare nella Facoltà medica della Università Cattolica a servizio della famiglia e della comunità cristiana*, pp. 65-86.

__________ (1977). "Il Card. D. Passionei dall'incontro con i Benedettini di S. Mauro a Parigi (1706) alla residenza nel Romitorio di Camaldoli a Frascati (1761): profilo culturale e momenti polemici", en AAVV., *Ascetica cristiana ed ascetica giansenista e quietista nelle regioni di influenza avellanita*. Fonte Avellana, pp. 27-109.

__________ y Fiori, A. (coords.) (1978). *Obiezione di coscienza e aborto*. Milán: Vita e Pensiero.

__________ (en colaboración con Angelo Fiori), *Introduzione*, p. 162.

__________ y Antico, L. (coords.) (1978), *Dalla parte degli anziani*. Milán: Vita e Pensiero.

__________ (en colaboración con Leonardo Antico), *Introduzione*, p. 182.

__________ (1978). "L'obiezione di coscienza e le implicazioni nella prassi assistenziale e nei consultori familiari", en *Anime e Corpi*, LXXVII, pp. 295-315. Este trabajo continúa en el libro compilado por Dionigi, T. (1978). *Aborto e obiezione di coscienza*. SALCOM: Varese, pp. 95-125.

__________ (1978). "Famiglia e gestione della salute", en *La famiglia*, LXVIII, pp. 675-685.

__________ (1978). "L'Università Cattolica per un ripensamento della laicità", en *Medicina e Morale* (1), pp. 107-125.

__________ (1978). "L'impegno dei cristiani per una procreazione responsabile", en *Medicina e Morale* (2), pp. 181-191.

__________ (1979). "Valori morali per la salute dell'uomo", en *Rassegna di Teologia*, V, pp. 390-396.

__________ (1979). "La partecipazione dei cattolici nel contesto della riforma sanitaria in Italia", en *Medicina e Morale* (3), pp. 291-313.

__________ (1979). "La testimonianza cristiana per la tutela della salute nella evoluzione sociale contemporánea", en *L'Operatore Sanitario*, (9), pp. 2-14.

Sgreccia, E. (1979). "Il servizio pastorale nelle nuove strutture delle unità sanitarie local", en _Anime e Corpi_ (81), pp. 11-40.

__________ (1979). "Servizio sanitario nazionale e impegno della comunità cristiana", en _La Rivista del Clero Italiano_, LX, pp. 789-797.

__________ (1979). "Difesa e promozione della vita", en _Uomo e salute._ Vicenza: Edizioni del Rezzara, pp. 71-84.

__________, _Gestione della salute e diritti del malato_, pp. 181-192.

__________ (1980). "Coscienza cristiana e professione medica", en _Medicina e Morale_, (3), pp. 265-290.

Año 1981

Sgreccia, E. y Fiori, A. (coords.) (1981). _Droga morale e medicina._ Milán: Vita e Pensiero.

__________, _La questione morale sull'uso della droga: contenuti e método_, pp. 31-47.

__________ y Altomonte, L. (coords.) (1981), _Medicina ed Handicaps._ Milán: Vita e Pensiero.

__________, _Il contributo della comunità civile ed ecclesiale ed ambiti del volontariato_, pp. 84-99.

__________ (1981). "Il volontariato nella comunità civile ed ecclesiale", en AAVV., _'handicappato' uno di noi._ Vicenza: Edizioni del Rezzara, XXXII.

__________ (1981). "Famiglia e Salute", en _Anime e Corpi_ (96), pp. 401-420.

Año 1982

Sgreccia, E. (1982). "Perchè ci ammaliamo? perchè curiamo? Valori etici e salute", en _Anime e Corpi_ (102), pp. 377-395.

__________ (1982). "Salvezza e salute cristiana nel contesto dell'educazione sanitaria", en _Medicina e Morale_ (3), pp. 284-302.

Año 1983

SGRECCIA, E. (1983). "Salute e salvezza", en *Anime e Corpi* (106), pp. 133-155.

__________ (1983). "Istanze antropologiche ed etiche nella cura e assistenza del malato di mente" *Medicina e Morale*, XXXIII, pp. 255-271.

__________ (1983). "Il progresso scientifico-tecnologico di fronte all'etica", en *Medicina e Morale*, XXXIII, pp. 335-341.

__________ (1983). "Gli impegni della comunità cristiana per l'educazione sanitaria", en *Anime e Corpi* (110), pp. 557-566.

Año 1984

SGRECCIA, E. (1984). "Il dolore ha un senso? Il punto di vista della fede cristiana", en *Anime e Corpi* (114), pp. 437-455.

__________ (1984). "Aspetti morali del transessualismo", en *Medicina e Morale*, XXXIV, pp. 181-205.

__________ (1984). "Diagnosi genetica e problemi etici", en *Il futuro dell'uomo* (23), pp. 66-75.

__________ (1984). "La bioetica. Fondamenti e contenuti", en *Medicina e Morale*, XXXIV, pp. 285-305.

Año 1985

SGRECCIA, E. (1985). "Dignità della morte ed eutanasia", en AAVV., *Il valore della vita: l'uomo di fronte al problema del dolore, della vecchiaia, dell'eutanasia*, Actas del 54° Curso de Actualización Cultural de la Universidad Católica, Roma, 2-7 de septiembre de 1984. Milán: Vita e Pensiero, pp. 132-161.

__________ (1985). "L'etica dello sport", en *Lo sport tra medicina e morale*. Vaticano: Orizzonte Medico, pp. 89-113.

__________ (1985). "La morale catholique et la pharmacodépendance", en AAVV., *La médecin et les droits de l'homme*. Strasbourg: Ofset, pp. 575-587.

SGRECCIA, E. (1985). "Manipolazione genetica ed istanze etiche", *Progetto Donna*, IV (4-5), XXV-35.

__________ (1985). "Aspetti etici della riabilitazione", en *Medicina e Morale* (1), pp. 99-110.

__________ (1985). "Istruire sul Vangelo della vita. Considerazioni etiche", en *Presenza Pastorale*, IV, pp. 54-66.

__________ (1985). "L'etica dello sport", en *Medicina e Morale* (1), pp. 89-113.

__________ (1985). "La bioetica: gli orizzonti e i principi fondamentali", en *Anime e Corpi*, (121), pp. 451-470.

__________ (1985). "Presenza pastorale negli ospedali", en *Rivista di pastorale liturgica*, (6), pp. 59-64.

__________ (1985). "Gli anziani oggi: aspetti etici", en *Medicina e Morale* (2), pp. 302-318.

__________ (1985). "La bioetica e le sue istanze", en *Rivista Italiana di Medicina Legale*, I, pp. 37-50.

Año 1986

SGRECCIA, E. (1986). *Bioetica: manuale per medici e biologi*. Milán: Vita e Pensiero, p. 406.

__________ (coord.) (1986). *Corso di Bioetica*. Milán: Angeli.

__________, *La bioetica contenuti e fondamenti*, pp. 49-59.

__________, *Bioetica, eutanasia e dignità della norte*, pp. 165-190.

__________ (1986). "Scienza, medicina, ética", en Serra, A. y Neri, G. (coords.), *Nuova genetica uomo e società*. Milán: Vita e Pensiero, pp. 7-11.

__________ (1986). "Economia e salute: considerazioni etiche", en *Medicina e Morale*, XXXVI, pp. 31-46.

__________ (1986). "Le malformazioni fetali: implicazioni etiche", en *Acta Medica Romana*, XXIV, pp. 539-550.

__________ (1986). "A proposito del pre-embrione umano", en *Medicina e Morale*, (1), pp. 5-17.

__________ (1986). "Ragioni per far morire?", en *Presbyteri* (6), pp. 411-418.

Sgreccia, E. (1986). "Aspetti etici connessi con la morte cerebrale", en *Medicina e Morale*, XXXVI, pp. 515-526.

Año 1987

Sgreccia, E. (1987). *Pastorale sanitaria. Istanze etiche e culturali*. Brezzo di Bredero: Edizioni salcom.

__________ (coord.) (1987). *Il dono della vita*, Milán: Vita e Pensiero.

__________, *Divieto morale eprofezia*, pp. 205-211.

__________ (1987). "Handicap e società: aspetti bioetici e Diagnosi prenatale: aspetti etici", en aavv., *Handicap e società: aspetti bioetici*. Bologna: cic, pp. 117 y 213-232.

__________ (1987). "Lo statuto dell'embrione umano", en aavv., *Aborto, eutanasia: quale vita?* Bologna: cic.

__________ (1987). "La diagnosi prenatale", en aavv., *Persona, verità e morale*. Actas del Congreso Internacional de teología moral, Istituto Giovanni Paolo II, Pontificia Università Lateranense, 7 al 12 de abril de 1986. Roma: Città Nuova, pp. 315-331.

__________ (1987). "Manipolazioni genetiche e procreazione artificiale: implicazioni etiche", en aavv., *Etica e trasformazioni tecnologiche*. Actas del 57° Curso de Perfeccionamiento Cultural de la Università Cattolica del Sacro Cuore, Arezzo, 20-25 de septiembre de 1987. Milán: Vita e Pensiero, pp. 174-209.

__________ (1987). "Aspetti etici della riabilitazione", en aavv., *La medicina riabilitativa nelle disabilità per la prevenzione dell'handicap*. aris (Associazione Religiosi Istituti Socio-Sanitari)-crs (Centro Ricerca e Studi Amplifon)-Servizio Recupero e Rieducazione Funzionale Università Cattolica del Sacro Cuore, Roma, 13-15 de diciembre de 1984. Gorle (bg): Veral, pp. 17-27.

SGRECCIA, E. (1987). "Principes directeurs de la recherche biomedicale", en AAVV., *Pour une éthique internationale en recherche sur les sujets humains*. Actas del Colloque international de bioéthique, Ottawa, 5-10 de abril de 1987. Conseil de recherches médicales du Canada, Ottawa, pp. 1-29.

__________ (1987). *Il commento del bioético*. Actas del I° Corso di Aggiornamento per neonatologi dell'Italia Centrale. Centro Studi Humana, pp. 105-106.

__________ (1987). "L'etica: presupposto di affidabilità nell'ospedale", en *Sanare Infirmos*, I, pp. 12-16.

__________ y Di Prieto, M.L. (1987). "Manipolazioni genetiche e procreazione artificiale: orientamenti giuridici e considerazioni etiche", en *Diritto di famiglia e delle persone*, Milán: Giuffrè, (34), pp. 1351-1447.

__________ (1987). "Problemi etici nel trattamento dell'AIDS", en *Medicina e Morale*, XXXVII, pp. 9-28.

__________ (1987). "Quale etica per le manipolazioni genetiche?", en *Biotechnology Reports*, IV, pp. 1-8.

__________ (1987). "Problemi dell'insegnamento della bioetica", en *Giornale Italiano per la Formazione Permanente del Medico*, II, pp. 104-117.

__________ (1987). "Guida medica europea ed eutanasia", en *Vita e Pensiero*, IV, pp. 250-262

__________ (1987). "Un invito alla cautela", en *Scienza e Dossier*, XXIV, pp. 40-43.

__________ (1987). "La Istruzione sul rispetto della vita umana nascente e la dignità della procreazione della Congregazione per la Dottrina della Fede", en *Affari Sociali Internazionali*, IV, pp. 123-138.

__________ (1987). "Eutanasia: aspetti bioetici", en *Algologia*, II, pp. 90-96.

__________ (1987). "L'etica della sperimentazione del fármaco", en *Dolentium Hominum* II(4), pp. 60-75.

Año 1988

Sgreccia, E. (1988). *Manuale di Bioetica. I volume: Fondamenti ed etica biomédica.* 2ª ed. Milán: Vita e Pensiero.

__________ (1988). *Ingegneria genetica umana: problemi etici,* en el folleto editado por la Secretaría General de la Cámara de Diputados.

__________ (1988). "Die Instruktion der Kongregation fur die Glaubenslehre uber die Achtung vor dem menschlichen Leben und die Wurde der Fortpflanzung (*Donum Vitae*)", en aavv., *Wege zur europaischen Rechtsgemeinschaft.* GorresVerlag: Koblenz, pp. 65-97.

__________ (1988). "Comitati Etici: presupposti e contenuti", en Guetti, V. (coord.), *I Comitati Etici.* Milán: Angeli, pp. 40-63.

__________ (1988). "La persona umana fine e non mezzo della ricerca", en aavv., *Qualità della medicina per la qualità della vita.* Actas del XVIII Congreso de la Associazione Medici Cattolici Italiani. Firenze, 17-20 de octubre de 1988. Roma: Orizzonte Medico, pp. 93-107.

__________ (1988). "The human right to mental health care", en aavv., *Advancement in neurosciences.* Actas de la Convención "Psychopharmacology Up to Date", Association for the Advancement in Neuroscience. Roma, 20-24 de septiembre de 1988. Bosio, pp. 75-76.

__________ (1988). "Bioeticità delle metodiche strumentali in geriatría. Actas del XXXIII Congreso Nacional de la Società Italiana di Gerontologia e Geriatria", Ancona, 23-26 de octubre de 1988. *Giornale di Gerontologia,* XXXVI, pp. 545-554.

__________ (1988). "Considerazioni etiche sul consenso informato in geriatría. Actas del XXXIII Congreso Nacional de la Società Italiana di Gerontologia e Geriatria", Ancona, 23-26 de octubre de 1988. *Giornale di Gerontologia,* XXXVI, pp. 958-959.

__________ (1988). "La diagnosi prenatale: problemi etici", en aavv., *Problematiche attuali in medicina fetale.* Actas del XXIX Congreso Nacional aogoi (Associazione Ostetricia e Ginecologia Ospedaliera Italiana). Milán, del 29 de septiembre al 1 de octubre de 1988. Edizioni Internazionali, pp. 11-20.

Sgreccia, E. (1988). "Bioetica e sperimentazione clínica", en aavv., *Abstract book*. Colección de resúmenes de informes y comunicaciones presentados al II Congresso Nazionale della Società Italiana di Terapia. Palermo 30 de noviembre al 3 de diciembre de 1988. Società Italiana di Terapia.

__________, *Limiti etici della gene-terapia sull'uomo*, p. l33.

__________, *Etica della distribuzione delle risorse sanitarie e "lifesaving therapies"*, p. 134.

__________ (1988). "Liceità e limiti della diagnosi prenatale", en aavv., *Problematiche etiche psicologiche e medico legali nella diagnosi prenatale oggi*. Actas de la Convención anmirs Milán, 26 de febrero de 1988, pp. 21-31.

__________ (1988). "Bioetica e ingegneria riproduttiva", en aavv., *Incontri sulla bioetica*. Roma, marzo de 1988. Università degli Studi "La Sapienza". Facoltà di Scienze Matematiche, Fisiche e Naturali.

__________ y Di Pietro, M.L. (1988). *Che cosa è la bioetica*. Milán: A. Mondadori, pp. 223-226.

__________ (1988). "Il malato terminale e l'etica della solidarietà", en *Progressi clinici in medicina. Unità di cura continuativa*, III, pp. 19-30.

__________ (1988). "Alla scoperta di un nuovo mondo: il genoma umano", en *La Scuola e l'Uomo*, I, pp. 6-8.

__________ y Di Pietro, M.L. (1988). "La contragestazione ovvero l'aborto nascosto", en *Medicina e Morale*, XXXVIII, pp. 5-34.

__________ (1988). "Ingegneria genetica nell'uomo e nell'animale: aspetti etici", en *Il Nuovo Progresso Veterinario*, XII, pp. 473-481.

__________ (1988). "L'aids metafora culturale e catalizzatore di conflitti etici", en *Vita e Pensiero*, VI, pp. 408-422.

__________ y Fasanella, G. (1988). "Il trapianto di midollo osseo: aspetti etici", en *Medicina e Morale* (3-4), pp. 397-409.

__________ y Spagnolo, A.G. (1988). "Il feto umano come donatore di tessuti ed organi", en *Medicina e Morale* (6), pp. 843-875.

__________ (1988). "Aspetti etici dell'ingegneria genetica umana", en *Astrofisma*, XIII, pp. 24-30.

Sgreccia, E. (1988). "Discorso del Papa ai partecipanti al XXXVIII Convegno dei Giuristi Cattolici Italiani", en *Apollinaris*, LXI, pp. 35-45.

Año 1989

Sgreccia, E. (1989). *Ingegneria genetica umana: problemi etici. Impegno e Dialogo/5*. Incontri culturali. LER. Nápoles/Roma, pp. 95-121.

__________ (coord.) (1989). AIDS - *Problemi bioetici correlati con la clinica, l'epidemiologia e le implicazioni socio-culturali della Sindrome da Immuno-Deficenza Acquisita.* Actas del IV Curso Residencial de bioética, Falzarego, 26-31 de agosto de 1988. Bologna: CIC.

__________, *Gli aspetti bioetici del* L'AIDS*: principi etici di riferimento*, pp. 171-185.

__________, *Nella società del benessere e della paura: problemi e prospettive*, pp. 187-198.

__________ y Mancuso, S. (coords.) (1989). *Il trattamento della sterilità coniugale.* Milán: Vita e Pensiero.

__________ y Barbarino, A., De Marinis, L., Mancini, A., *Approccio andrologico della sterilità di copia*, pp. 37-61.

__________ y Antico, Leonardo (coords.) (1989). *Anzianità creativa.* Milán: Vita e Pensiero.

__________, *Anzianità: valori, creatività e qualità di vita*, pp. 101-122.

__________ y Bompiani, A. (1989). *Trapianti d'organo: progressi tecnologici, aspetti etici, prospettive di legislazione.* Milán: Vita e Pensiero.

__________ y Spagnolo, A.G., *Prelievi di organi e tessuti fetali a scopo di trapianto. Aspetti conoscitivi e istanze etiche*, pp. 47-84.

__________ y Di Pietro, M.L. (coords.) (1989). *La trasmissione della vita nell'insegnamento di Giovanni Paolo II.* Milán: Vita e Pensiero.

__________ (1989). "Etica del trattamento della paziente neoplastica", en AAVV., *La terapia medica delle neoplasie ginecologiche.* Roma: Edizioni Internazionali, pp. 3-11.

__________ (1989). "Ingegneria genetica umana: problemi etici", en AAVV., *Impegno e dialogo.* 5° Incontri Culturali 88-89. Biblioteca Diocesana S. Paolino Seminario. Mola (Nápoles), pp. 95-121.

SGRECCIA, E. (1989). "La procreazione artificiale alla luce dell'Istruzione Donum Vitae", en AAVV., *La procreazione assistita aspetti scientifici, etici e giuridici*. Actas de la III Jornada Europea de bioética. Milán, 26 de noviembre de 1988. Torino: Elle Di Ci, pp. 59-68.

__________ (1989). "La salvezza dell'uomo oggi: le prospettive della bioetica", en AAVV., *La salvezza oggi*. Roma: Urbaniana University Press, pp. 167-183.

__________ (1989). *"Liceità e limiti della diagnosi prenatale"*, en AAVV., *Problematiche etiche Psicologiche e medico legali della diagnosi prenatale oggi*. Milán: Grafiche Pavoniane, pp. 21-31.

__________ (1989). "Prólogo", en Monge, F., *Eutanasia*. Madrid: Ediciones Palabra, pp. 5-8.

__________ y Spagnolo, A.G. (1989). "Réfléction bioéethique et normees internationales", en Huber, F. (coord.), *Vers un antidestin? patrimoine genetique et droits de l'humanité*. París: Editions O. Iacob, pp. 249-252.

__________ (1989). "Natural fertility regulation: ethical considerations", en *Int. J. Gynecol. Obstet.*, Suppl. 1, pp. 153-156.

__________ (1989). "Gli anziani e la qualità di vita", en *Rass. Med. Sper.*, XXXVI (7/9), pp. 151-158.

__________ (1989). "Diritti umani e indicazioni bioetiche alla prescrizione degli psicofarmaci", en *Medicina e Morale*, XXXIX, pp. 11-34.

__________ (1989). "La Raccomandazione 1100 dell'Assemblea del Consiglio d'Europa sulla utilizzazione degli embrioni e feti umani nella ricerca scientifica", en *Medicina e Morale*, XXXIX, pp. 221-231.

__________ y Di Pietro, M.L. (1989). "La trasmissione della vita nell'insegnamento di Giovanni Paolo II", en *Medicina e Morale*, (6), pp. 787-841.

__________ (1989). "Bioetica", en *La Ca'Granda*, XXX, pp. 28-30.

__________ (1989). "Bioetica e scienza", en *Sanità Telex*, CILVII, pp. 12-16.

__________ y Fasanella, G. (1989). "Bioetica e medicina delle Catastrofi", en *Medicina e Morale* (5), pp. 881-892.

__________ y Spagnolo, A.G., Di Pietro, M.L. y Sgreccia, E. (1989). "Ethical problems in reproductive medicine", en *Ethical Problems in Reproductive Medicine* (1), pp. 21-24.

SGRECCIA, E. (1989). "Bioetica e sperimentazione clínica", en *Terapia Moderna* (3), pp. 81-89.

__________ y Di Prieto, M.L. (1989). "L'interruzione volontaria di gravidanza nel pensiero cattolico", en *Affari Sociali Internazionali* (4), pp. 75-92.

__________ y Mele, V. (1989). "Gli antiandrogeni nella terapia dei comportamenti sessuali violenti: riflessioni etiche", en *Medicina e Morale* (6), pp. 1107-1123.

__________ y Spagnolo, A.G. (1989). "I Comitati di Bioetica. Sviluppo storico, presupposti e tipologie", en *Vita e Pensiero* (7-8), pp. 500-514.

__________ y Spagnolo, Antonio, G. (1989). "Comitati e Commissioni di Bioetica in Italia e nel mondo", en *Vita e Pensiero* (12), pp. 802-818.

__________ (1989). "Ethical issues in prenatal diagnosis and fetal therapy. A catholic perspective", en *Fetal Therapy*, 4, supl. 1, pp. 16-27.

Año 1990

SGRECCIA, E. (coord.) (1990). *Sessualità e persona: presupposti bioetici dell'educazione sessuale*. Bologna: CIC.

__________, *Conclusioni*, pp. 195-203.

__________ y Serra, A. y Di Pietro, M.L. (1990). *Nuova genetica ed embriopoiesi umana*. Milán: Vita e Pensiero.

__________ y Spagnolo, A.G. (1990). "Lo stato dell'arte: storia, diffusione, tipologia dei Comitati di Bioetica nei vari paesi", en AAVV., *I Comitati di Bioetica: storia, analisi, proposte*. Roma: Orizzonte Medico, pp. 33-68.

__________ y Spagnolo, A.G., Sgreccia, E. y Valli, P., La situazione *italiana dei Comitati di Bioetica sotto il profilo giuridico ed operativo*, pp. 101-132.

__________ y Di Pietro, M.L. (1990). "Procreazione artificiale", en AAVV., *Nuovo dizionario di teologia morale*. Milán: Paoline, pp. 994-1007.

__________ y Spagnolo, A.G., *Ricerca e sperimentazione biológica*, pp. 1102-1110.

SGRECCIA, E. y Spagnolo, A.G., Di Pietro, M.L. y Sgreccia, E. (1990). "Sperimentazione di nuovi farmaci nell'infezione da HIV: principi etici di riferimento nei trials clinici", en AAVV., *AIDS e sindromi correlate*. Actas de la III Convención Nacional. Nápoles, 10-12 de noviembre de 1989. Monduzzi Editore, pp. 1493-1497.

__________ (1990). "La risposta nella trascendenza", en Jacobelli, J. (coord.), *Scienza e etica. Quali Limiti?* Bari: Laterza, pp. 163-167.

__________ (1990). "Moral theology and artificial procreation in the light of Donum VitaeK", en AAVV., *GIFT of life Catholic scholars respond to the Vatican Instruction*. Washington, D.C.: Georgetown University Press, pp. 115-137.

__________ y Di Pietro, M.L. (1990). "L'assistenza al neonato: orientamenti etici e pratica medica", en AAVV., *Bambino: progetto salute. Le nuove frontiere della neonatologia europea*, pp. 120-133.

__________ (1990). "A Bioetica: historia, horizontes e fundamentos de una nova disciplina", en Laudans, S. (coord.), *Questoes attuais de bioética.* Sao Paolo: Loyola, pp. 227-252.

__________, *Engenharia genetica umana: problemas éticos*, pp. 255-283. Fasanella, G., Spagnolo, A.G. y Sgreccia, E. (1990). *Presupposti etico-deontologici dei trials clinici dei farmaci antiipertensivi nell'anziano.* Actas del Second International Congress on hypertension in the elderly focus on risk foetus, p. 23.

__________ y Spagnolo, A.G., Di Pietro, M.L., Palazzani, L. y Sgreccia, (1990). *Significato della diagnosi prenatale nella prevenzione delle malattie congenite: aspetti etico-sociali*. Actas de la Sociedad Italiana de Ginecología y Obstetricia. Brescia: Class international, vol. LXVII, pp. 39-40.

__________ (1990). "La bioetica: valore e significato (prolusione)", en Galluppi, F. (coord.), *Actas del 1° Corso di Bioetica ed Etica professionale*. Roma: Editrice Vecchio Faggio, pp. 17-40.

SGRECCIA, E. (1990). "L'assistenza al morente: istanze etiche", en AAVV., *Accanimento terapeutico. Un concetto da precisare*. Actas de la Convención organizada por AMCI e ACOS. Crema, 9 de junio de 1990, pp. 29-53.

_________ (1990). "Il volontariato assistenziale domiciliare. Quale impegno morale e sociale", en AAVV., *Il cancro oggi*. Actas de la VII Jornada medico-quirúrgica en Morcone, 13-14 de octubre de 1990, pp. 319-329.

_________ (1990). "Norme deontologiche e proposte di Legge sull'eutanasia in Italia", en *Anestesia e Rianimazione*, 31(1-2), pp. 47-54.

_________ y Di Pietro, M.L., Spagnolo, A.G. y Sgreccia, E. (1990). "Meta-analisi dei dati scientifici sulla GIFT: un contributo alla riflessione ética", en *Medicina e Morale* (1), pp. 13-40.

_________ Mele, V., Girlando, G. y Sgreccia, E. (1990). "La diagnosi genetica sui lavoratori: recenti acquisizioni scientifiche, problematiche etiche ed etico-giuridiche", en *Medicina e Morale* (2), pp. 301-329.

_________ (1990). "AIDS e procreazione responsabile", en *Dolentium Hominum* (1), pp. 271-274.

_________ (1990). "Recente dibattito sull'identità dell'embrione umano", *Vita e Pensiero* (6), pp. 416-428.

_________ (1990). "Linee di bioetica personalistica", en *Il Fuoco* (3), pp. 19-25.

_________ (1990). "I problemi più emergenti legati alla difesa e alla qualità della vita", en *Presenza Pastorale*, año LX, nov.-dic., p. 117.

Año 1991

SGRECCIA, E. (1991). *Manuale di Bioetica. II volume: Aspetti medico-sociali*, Milán: Vita e Pensiero.

_________ (coord.) (1991). *Salute e persona: presupposti bioetici dell'educazione sanitaria*. Bologna: CIC.

_________ , *Educazione sanitaria: rivoluzione sessuale e valori della sessualità*, pp. 71-90.

SGRECCIA, E. y Burgalassi, S., Fasanella, G. (coord.) (1991). *Anzianità e valori*. Milán: Vita e Pensiero.

__________, *La storia e l'originalità della ricerca 'Active Aging'*, pp. 15-20.

__________ y Fasanella, G., *Alcune proposte che scaturiscono dalla ricerca*, pp. 213-222.

__________ y Fasanella, G., *Indagine sui parroci*, pp. 204-212.

__________ (1991). "Preface", en Sedgo, F., *Sida. Prevention. Education. Solidarité*. Unitor, pp. 7-8.

__________ (1991). *Verso un "attivismo etico" della cardiologia italiana*. Actas del III Congreso Nacional de la Associazione Nazionale Cardiologi Extraospedalieri. Roma, 14-17 de noviembre de 1991, pp. 20-29.

__________ (1991). "Problemi etici in neuroabilitazione. Tavola rotonda", en AAVV., *Nuove frontiere in neuroabilitazione*. Actas de la Convención de Salsomaggiore, Terme, 10-13 de abril de 1991, pp. 225-233.

__________ (1991). "Tecnologie d'intervento sulla procreazione umana e sviluppo della pace", en AAVV., *Scienza e tecnologia per lo sviluppo della pace*. Actas del 61° curso de perfeccionamiento cultural de la Universidad Católica. Piacenza, 8-13 de septiembre de 1991. Milán: Vita e Pensiero.

__________ y Spagnolo, A.G. (1991). "Ricerca e manipolazione della mente: dimensioni etiche della sperimentazione in psicofarmacología", en Ghetti, V. (coord.), *Etica nella ricerca biomédica*. Milán: Franco Angeli, pp. 171-195.

Año 1992

SGRECCIA, E. (1992). "Regolazione Naturale della fertilità umana: considerazioni etiche", en S. Mancuso y Van Look, P. (coords.), *La regolazione naturale della fertilità umana oggi*. Milán: Vita e Pensiero.

__________ y Mele, V. (coords.) (1992). *Ingegneria genetica e biotecnologie nel futuro dell'uomo*. Milán: Vita e Pensiero.

__________ y Notarfonso, D., *La bioetica: fonti, orientamenti, centri di ricerca*, pp. 107-130.

SGRECCIA, E. y Mele, V., *Gli aspetti etici dell'ingegneria genética*, pp. 131-166.

__________ y Mele, V., *Bioetica e diagnosi prenatale*, pp. 211-240.

__________ y Mele, V., *La diagnosi genetica postnatale*, pp. 251-277.

__________, *I Comitati di Bioetica: finalità e prospettive*, pp. 359-382.

__________ (coord.) (1992). *Il malato di tumore tra ospedale e domicilio: aspetti etico-assistenziali*. Bologna: CIC.

__________, *Aspetti etici dell'assistenza al morente*, pp. 123-155.

__________ (1992). "Problemi pastorali e morali della bioetica", en AAVV., *La missione della Chiesa nel mondo militare*. Actas de la IV semana nacional de formación para capellanes militares. Riccione. Roma: Quaderni del "Bonus Miles Christi", pp. 121-134.

__________ (1992). "Storia della Bioetica e sua giustificazione epistemológica", en AAVV., *La storia della medicina nella società e nella cultura contemporanee*. Actas de la Convención Internacional de Estudios del Istituto di Studi Politici "S. Pio V" di Roma. Frascati, 29-30 de junio de 1991. Roma: Editrice Apes, pp. 69-84.

__________, Di Pietro, M.L., Sgreccia, E. Pompedda, M.F. y Trabucchi, A. (1992). *Progresso biomedico e diritto matrimoniale canonico* (coordinado por Zaggia, C.). Padova: Veneta Editrice.

__________, *La fecondazione artificiale di fronte all'etica: la prospettiva personalista*, pp. 39-65.

__________, *Rettificazione e modificazione di sesso: considerazioni etiche*, pp. 69-86.

__________ (1992). "Recente dibattito sull'identità dell'embrione", en AAVV., *Quale statuto per l'embrione umano. Problemi e prospettive*. Convención Internacional, Milán, enero de 1991. Politeia, pp. 156-159.

__________ y Spagnolo, A.G. (1992). "Dimensione etica della qualità di vita in oncología", en AAVV., *Attualità in tema di carcinoma broncogeno*. Actas de la Convención S. Giovanni Rotondo IRCCS. Casa Sollievo della Sofferenza, 25 de junio de 1992. S. Giovanni Rotondo: Grafica Baal, pp. 88-95.

SGRECCIA, E. y Di Pietro, M.L. (1992). "Aspetti bioetici del trapianto renale nell'infanzia", en L. Cataldi y E. Salvaggio (coords.), *5° Convegno nazionale del gruppo di studio di nefrologia neonatale.* UCSC, Roma, 3-4 de abril de 1992, pp. 73-77.

__________, Monaco, R. y Sgreccia, E. (1992). "Presentazione", en AAVV., *Conversione of nuclear warheads for peaceful purposes.* Actas del Simposio Internazionale organizzato dalla Fondazione per la Pace e la Cooperazione Internazionale "Alcide de Gasperi" e STES. Roma, 15-17 de julio de 1992.

__________ (1992). "Coscienza etica e preparazione degli infermieri", en *Camillianum*, (5), pp. 237-245.

__________, Spagnolo, A.G., Vinmercati, G., Ambrosio, C. (1992). "Indicazioni etiche all'uso terapeutico o sperimentale di farmaci potenzialmente teratogeni nelle donne in età feconda", en *Chron. Derm.* III(4), pp. 623-630.

__________ (1992). "Problemi tecnici della procreatica", en *Orientamenti Sociali* (2/3), pp. 31-51.

__________ (1992). "Bioetica: alla ricerca delle origini e dell'identità. Considerazioni e prospettive", en *Federazione Medica*, pp. 41-46.

__________ (1992). "Identità e statuto dell'embrione umano: un appello alla coscienza del medico", en APIS, V, pp. 67-70.

__________ (1992). "Linee etiche per l'assistenza medica al malato teminale", en *Minerva Anestesiologica*, 58(10), pp. 581-585.

__________ y Palazzani, L. (1992). "Il dibattito sulla fondazione etica in Bioetica", en *Medicina e Morale* (5), pp. 847-870.

__________ y Spagnolo, A.G., Di Pietro, M.L. y Sgreccia, E. (1992). "Should we consider ethical limits in diagnosing male infertility?", en *Prog. Reprod. Biol. Med. Basel,* (15), pp. 240-245.

__________ (1992). "I punti cruciali della bioetica nel momento attuale", en *Bioetica e Cultura* (1), pp. 45-52.

__________ (1992). "Introduzione", en *Civitas*, XLIII(3), pp. 3-14.

Año 1993

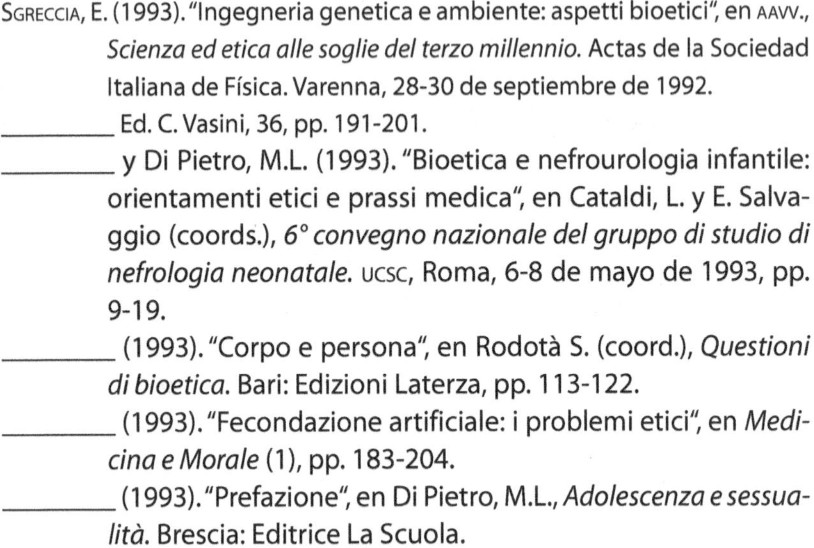
Sgreccia, E. (1993). "Ingegneria genetica e ambiente: aspetti bioetici", en AAVV., *Scienza ed etica alle soglie del terzo millennio*. Actas de la Sociedad Italiana de Física. Varenna, 28-30 de septiembre de 1992.

__________ Ed. C. Vasini, 36, pp. 191-201.

__________ y Di Pietro, M.L. (1993). "Bioetica e nefrourologia infantile: orientamenti etici e prassi medica", en Cataldi, L. y E. Salvaggio (coords.), *6° convegno nazionale del gruppo di studio di nefrologia neonatale*. UCSC, Roma, 6-8 de mayo de 1993, pp. 9-19.

__________ (1993). "Corpo e persona", en Rodotà S. (coord.), *Questioni di bioetica*. Bari: Edizioni Laterza, pp. 113-122.

__________ (1993). "Fecondazione artificiale: i problemi etici", en *Medicina e Morale* (1), pp. 183-204.

__________ (1993). "Prefazione", en Di Pietro, M.L., *Adolescenza e sessualità*. Brescia: Editrice La Scuola.

4.2. Periodo 1994-2008. Vicepresidencia y presidencia de la Pontificia Accademia per la Vita

En este periodo, E. Sgreccia continúa con una obra tremendamente prolífica en colaboraciones con diferentes revistas del ámbito pastoral, de la bioética y de la sanidad. Sus contribuciones en libros aumentan. Aunque trabaja con numerosos autores, destacan principalmente las colaboraciones con Juan de Dios Vial Correa (presidente de la Academia mientras Sgreccia era vicepresidente de la misma) y con autores como Angelo Fiori, Antonio Spagnolo, Maria Luisa Di Pietro, Mariella Lombardi, Gonzalo Miranda, Vincenza Mele y Dario Sacchini.

Es coordinador de numerosos libros, pero sólo aparece como único autor en dos de ellos, los libros titulados *La bioética como praxis*, de Editorial Educa de Buenos Aires (2005) y *Bioetica nel quotidiano*, de Editorial Vita e Pensiero de Milán (2006).

En 1994, publicó la segunda edición del primer volumen de su *Manual de bioética* y en 1996 la segunda edición del segundo volumen. La tercera edición fue publicada respectivamente en 1999 y 2002. En el año 2007, publicó la cuarta edición del primer volumen.

En este periodo analiza temas muy variados sobre el desarrollo de la bioética. Profundiza sobre aspectos socioculturales, experimentación, investigación científica, fertilidad humana, ingeniería y manipulación genética, procreación artificial, consentimiento informado, familia, sexualidad humana, embriones y diagnóstico prenatal, derechos humanos, bioética y educación, clonación, xenotrasplantes y globalización, pero sobre todo estudia profundamente la epistemología de la bioética, sus límites y su prospectiva, poniendo de manifiesto el deber de esta disciplina al servicio del respeto de la vida humana a la luz del Magisterio. En este aspecto son muy numerosos los estudios con referencia a la encíclica *Evangelium Vitae*, y los estudios en los que profundiza en el análisis sobre la dignidad humana, objeto de la presente obra.

Las publicaciones referidas a este periodo son las siguientes:

Año 1994

Sgreccia, E. (1994). *Manuale di Bioetica*. I volume: Fondamenti ed etica biomédica, 2ª ed., Milán: Vita e Pensiero.

__________ (coord.) (1994). *Persona e terza età: assistenza, inserimento, compartecipazione*. Bologna: cic.

__________ , *Persona e terza età: qualità di vita, valori, creatività e problematiche etiche*, pp. 227-253.

__________ y Fasanella, G., *Religiosità degli anziani. I dati di una ricerca nel Molise*, pp. 207-226.

SGRECCIA, E., Di Pietro, M.L. y Spagnolo, A.G. (coord.) (1994). *L'assistenza al mo-rente. Aspetti socio-culturali, medico-assistenziali e pastorali.* Milán: Vita e Pensiero.

__________, *Scienza ed etica per il paziente terminale*, pp. 411-420.

__________ y Spagnolo, A.G. (coord.) (1994). *Lineamenti di etica della sperimen-tazione clínica.* Milán: Vita e Pensiero.

__________, *Autonomia e responsabilità della scienza*, pp. 39-49.

__________ y Spagnolo, A.G. (coord.) (1994). *Etica e allocazione delle risorse ne-lla sanità.* Milán: Vita e Pensiero.

__________ y Spagnolo, A.G. *Introduzione ai problemi etici dell'allocazione delle risorse in campo sanitario*, pp. 15-19.

__________ y Trujillo, A.L. (coords.) (1994). *Metodi naturali per la regolazione de-lla fertilità: l'alternativa autentica.* Milán: Vita e Pensiero.

__________, *Presentazione*, pp. 13-21.

__________, *Procreazione responsabile e metodi di regolazione naturale della fertilità: aspetti teologici*, pp. 63-73.

__________ y Mele, V. (coords.) (1994). *Rilevanza dei fattori etici e sociali nella prevenzione delle malattie professionali.* Milán: Vita e Pensiero.

__________ y Mele, V., *Premessa*, pp. 9-18.

__________ y Fasanella, G., *Il concetto di rischio: limiti ed accettabilità sul piano ético*, pp. 79-80.

FASANELLA, G., Silvestri, N. y Sgreccia, E. (1994). "Gravidanza extrauterina; Te-rapia intensiva; Astensione terapeutica; Diagnosi prenatali; Coma; Trapianto di midollo osseo", en Leone, S. y Privitera, S. (coords.), *Dizionario di Bioeticaa.* Ctania: ISB.

__________, G., Silvestri, N. y Sgreccia, E. (1994). "El año de la familia hacia el gran jubileo del año 2000", en Leone, S. y Privitera, S. (coords.), *Va-rón y mujer los creó. Comentarios y texto de la "Carta a las familias" de Juan Pablo II, y "Carta de los Derechos de la Familia".* Valencia: Edi-cep C.B., pp. 95-101.

__________ (1994). "Conclusioni della II sessione", en AAVV., *Ai confini della vita.* Actas de la Convención nacional de bioética. Firenze, 28-29 de no-viembre de 1992, pp. 42-44.

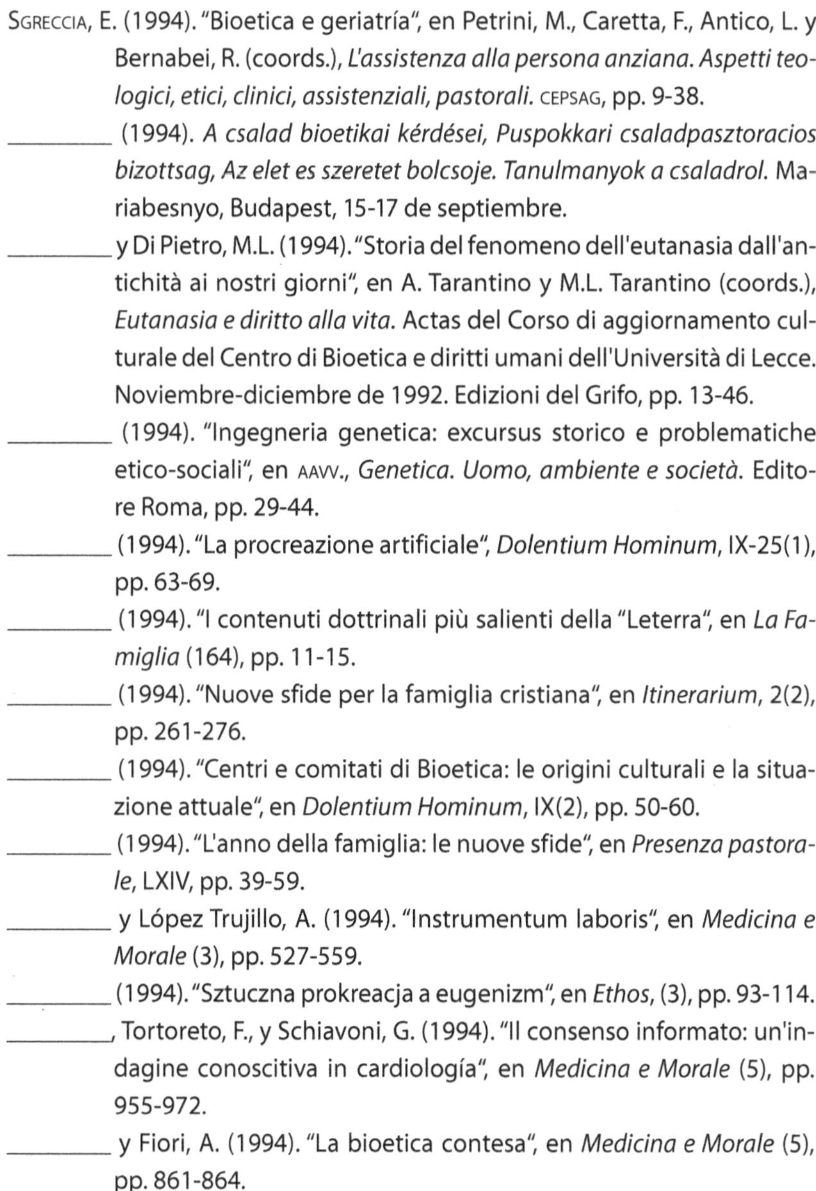

SGRECCIA, E. (1994). "Bioetica e geriatría", en Petrini, M., Caretta, F., Antico, L. y Bernabei, R. (coords.), *L'assistenza alla persona anziana. Aspetti teologici, etici, clinici, assistenziali, pastorali.* CEPSAG, pp. 9-38.

__________ (1994). *A csalad bioetikai kérdései, Puspokkari csaladpasztoracios bizottsag, Az elet es szeretet bolcsoje. Tanulmanyok a csaladrol.* Mariabesnyo, Budapest, 15-17 de septiembre.

__________ y Di Pietro, M.L. (1994). "Storia del fenomeno dell'eutanasia dall'antichità ai nostri giorni", en A. Tarantino y M.L. Tarantino (coords.), *Eutanasia e diritto alla vita.* Actas del Corso di aggiornamento culturale del Centro di Bioetica e diritti umani dell'Università di Lecce. Noviembre-diciembre de 1992. Edizioni del Grifo, pp. 13-46.

__________ (1994). "Ingegneria genetica: excursus storico e problematiche etico-sociali", en AAVV., *Genetica. Uomo, ambiente e società.* Editore Roma, pp. 29-44.

__________ (1994). "La procreazione artificiale", *Dolentium Hominum*, IX-25(1), pp. 63-69.

__________ (1994). "I contenuti dottrinali più salienti della "Leterra", en *La Famiglia* (164), pp. 11-15.

__________ (1994). "Nuove sfide per la famiglia cristiana", en *Itinerarium*, 2(2), pp. 261-276.

__________ (1994). "Centri e comitati di Bioetica: le origini culturali e la situazione attuale", en *Dolentium Hominum*, IX(2), pp. 50-60.

__________ (1994). "L'anno della famiglia: le nuove sfide", en *Presenza pastorale*, LXIV, pp. 39-59.

__________ y López Trujillo, A. (1994). "Instrumentum laboris", en *Medicina e Morale* (3), pp. 527-559.

__________ (1994). "Sztuczna prokreacja a eugenizm", en *Ethos*, (3), pp. 93-114.

__________, Tortoreto, F., y Schiavoni, G. (1994). "Il consenso informato: un'indagine conoscitiva in cardiología", en *Medicina e Morale* (5), pp. 955-972.

__________ y Fiori, A. (1994). "La bioetica contesa", en *Medicina e Morale* (5), pp. 861-864.

Sgreccia, E. (1994). "L'anno internazionale della famiglia: problemi e sfide nel campo educativo", en *Seminarium*, XXXIV (4), pp. 750-764.

Año 1995

Sgreccia, E., Trujillo, A.L. (coords.) (1995). *Humanae Vitae. Servizio profetico per l'uomo*. Roma: Editrice Ave. Sgreccia, E. y Trujillo, A.L., *Presentazione*, pp. 9-13.

__________ y Trujillo, A.L. (coords.) (1995). *Famiglia: cuore della civiltà dell'amore*. Ciudad del Vaticano: Libreria Editrice Vaticana.

__________ y Trujillo, A.L., *Presentazione*, pp. 5-8.

__________, *Famiglia e bioética*, pp. 52-69.

__________ y Trujillo, A.L. (coords.) (1995). *1994. L'anno della famiglia nella Chiesa*. Ciudad del Vaticano: Libreria Editrice Vaticana.

__________ y Trujillo, A.L., *Presentazione*, pp. 9-13.

__________ y Trujillo, A.L., *La Chiesa e l'Anno internazionale della familia*, pp. 161-169.

__________ y Trujillo, A.L. (1995). *Sessualità umana: verità e significato. Orientamenti educativi in familia*. Ciudad del Vaticano.

__________ (1995). "Presentazione", en Caretta, F. y Petrini, M., *Accanto al malato. Lineamenti di assistenza sanitaria e pastorale*. Roma: Città Nuova Editrice, pp. 9-10.

__________ (1995). "Problemi di bioetica in materia di ricerca scientifica", en AAVV., *Gli istituti di ricovero e cura a carattere scientifico con personalità giuridica di diritto privato. Analisi e prospettive*. Actas de la Convención organizada en San Giovanni Rotondo los días 9-11 de diciembre de 1993, San Giovanni Rotondo: Edizioni Casa Sollievo della Sofferenza, pp. 29-36.

__________ (1995). "Fondamenti e finalità della bioetica", en Canepa, G. (coord.), *Nuovi orizzonti dellla ricerca in medicina legale*. Milán: Giuffrè Editore, pp. 41-52.

SGRECCIA, E. (1995). "La persona umana", en Romano, C. y Grassani, G. (coords.), *Bioetica*. Torino: UTET, pp. 190-195.

__________ (1995). "Le nuove sfide poste alla familia", en AAVV., *Vinea Mea. Nuova evangelizzazione sociale e famiglia rurale*. Actas de la XXVII convención nacional del consejo eclesiástico, Roma, 6-8 de septiembre de 1994. Roma: Confederazione Nazionale Coltivatori Diretti, pp. 95-120.

__________ (1995). "La bioetica, nuova disciplina: limiti e prospettive", en Pirone, G.M. (coord.), *La medicina sociale e le politiche sociali e sanitarie in Italia*. Roma: Istituto Italiano di Medicina Sociale, pp. 33-39.

__________ (1995). "Assistenza al neonato sottopeso o malformato: orientamenti etici", en AAVV., *Etica e qualità delle cure in neonatología*. Actas del Meeting internazionale del Centro Europeo Saint-Vincentdi Bioetica e Qualità della Vita, Breuil-Cervinia, 1-4 de abril de 1992, pp. 37-49.

__________ (1995). "Presentazione", en AAVV., *Anziani Oggi. Una sfida per la medicina, la società e la Chiesa*. Torino: Edizioni Camilliane, pp. 5-6.

__________ (1995). "Bioetica: origini, giustificazione epistemologica e orientamenti etici", en AAVV., *Atti del 750° dell'arciconfraternita della misericordia di Firenze 1244-1994*. San Sebastiano, pp. 160-170.

__________ (1995). "I temi della bioetica nell'Evangelium Vitae", en AAVV., *Il Vangelo della Vita*. Roma: Editrice AVE, pp. 65-74.

__________ (1995). "I fondamenti della bioetica nell'Encíclica", en AAVV., (coordinado por la Pontificia Academia Pro Vita), *Evangelium Vitae di Sua santità Giovanni Paolo II. Enciclica e Commenti*. Roma: Libreria Editrice Vaticana, pp. 224-231.

__________ (1995). "Presentazione", en Di Pietro, M.L., *Adolescenza e comportamenti a rischio*. Brescia: Editrice la Scuola, pp. 5-7.

SGRECCIA, E. (1995). "Interventi nelle discussion", en AAVV., *The legal and ethical aspects related to the project of the human genome*. Actas del Scientific meeting (editado por B. Pullman y C.R. Casabona) organizado por la Pontificia Academia de las Ciencias y la Fundacion BBV, Ciudad del Vaticano, 19-20 de noviembre de 1993 (publicadas en 1995).

__________ (1995). "Manipolazioni genetiche e problemi morali", en *Firmana* (6), pp. 47-61.

__________ (1995). "Qualità e sacralità della vita", *Orizzonte medico* L(2), pp. 31-37.

__________ y Fiori, A. (1995). "Natura della bioetica e bioetica snaturata", en *Medicina e Morale* (1), pp. 9-14.

__________ (1995). "Rispetto della vita e ricerca della qualità della vita in medicina", en *Dolentium Hominum* (28), pp. 154-160.

__________ (1995). "Le nuove frontiere della bioetica", *La scuola e l'uomo* (4), pp. 103-106.

__________ (1995). "L'Enciclica *Evangelium Vitae*: quale novità?", *Medicina e Morale* (4), pp. 655-675.

__________ (1995). "Questioni emergenti nell'ambito della bioetica", en *Medicina e Morale* (5), pp. 931-949.

Año 1996

SGRECCIA, E. (1996). *Manuale di Bioetica. II volume: Aspetti medico-sociali.* 2ª ed., Milán: Vita e Pensiero.

__________ (1996). "Osservazioni sulla Dichiarazione", en Tarantino, A. (coord.), *Per una dichiarazione dei diritti del nascituro*. Milán: Giuffrè Editore.

__________ y Vial Correa, J.D. (1996). *La causa della vita*. Actas de la Segunda Asamblea de la Pontificia Accademia per la Vita sobre la Enciclica *Evangelium Vitae*. Vaticano, 20-22 de noviembre de 1995. Libreria Editrice Vaticana.

__________ (coord.) (1996). *Bioetica e professionalità emergenti in sanità*. Bologna: CIC.

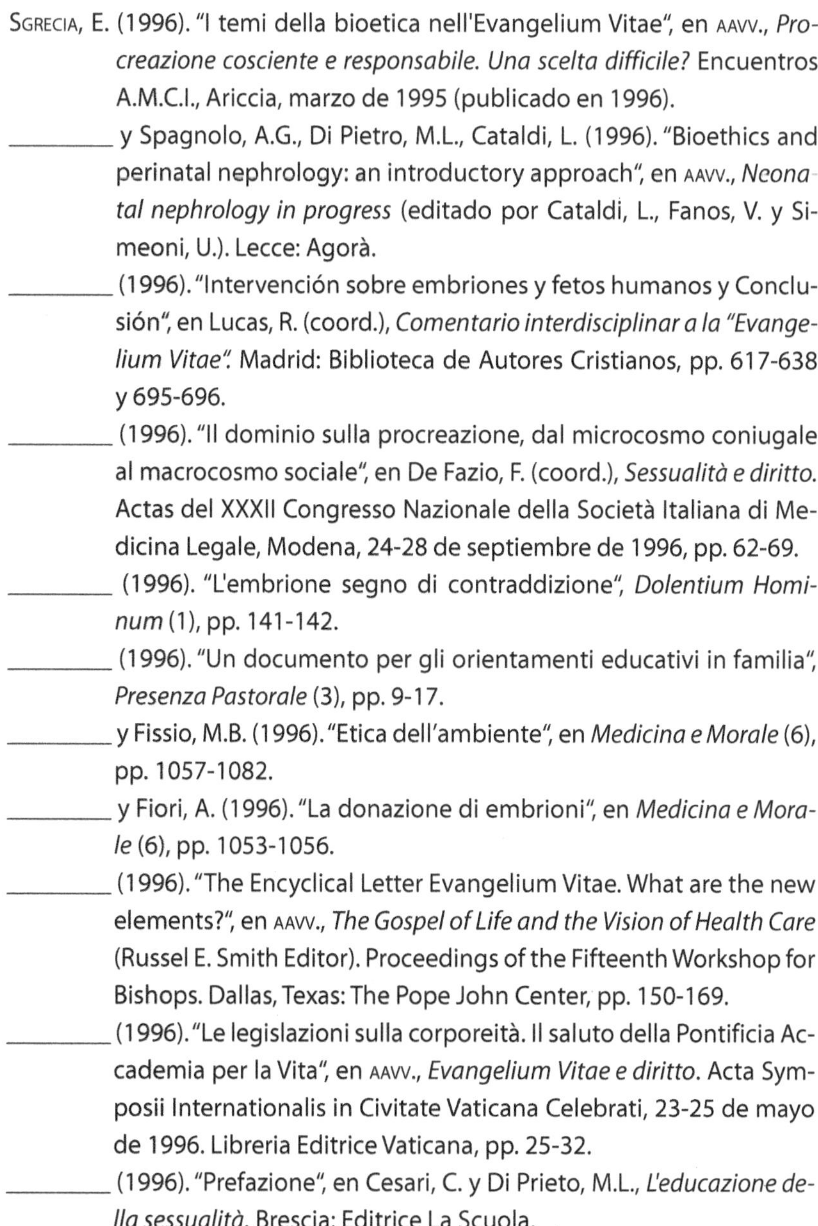

SGRECIA, E. (1996). "I temi della bioetica nell'Evangelium Vitae", en AAVV., *Procreazione cosciente e responsabile. Una scelta difficile?* Encuentros A.M.C.I., Ariccia, marzo de 1995 (publicado en 1996).

__________ y Spagnolo, A.G., Di Pietro, M.L., Cataldi, L. (1996). "Bioethics and perinatal nephrology: an introductory approach", en AAVV., *Neonatal nephrology in progress* (editado por Cataldi, L., Fanos, V. y Simeoni, U.). Lecce: Agorà.

__________ (1996). "Intervención sobre embriones y fetos humanos y Conclusión", en Lucas, R. (coord.), *Comentario interdisciplinar a la "Evangelium Vitae".* Madrid: Biblioteca de Autores Cristianos, pp. 617-638 y 695-696.

__________ (1996). "Il dominio sulla procreazione, dal microcosmo coniugale al macrocosmo sociale", en De Fazio, F. (coord.), *Sessualità e diritto.* Actas del XXXII Congresso Nazionale della Società Italiana di Medicina Legale, Modena, 24-28 de septiembre de 1996, pp. 62-69.

__________ (1996). "L'embrione segno di contraddizione", *Dolentium Hominum* (1), pp. 141-142.

__________ (1996). "Un documento per gli orientamenti educativi in familia", *Presenza Pastorale* (3), pp. 9-17.

__________ y Fissio, M.B. (1996). "Etica dell'ambiente", en *Medicina e Morale* (6), pp. 1057-1082.

__________ y Fiori, A. (1996). "La donazione di embrioni", en *Medicina e Morale* (6), pp. 1053-1056.

__________ (1996). "The Encyclical Letter Evangelium Vitae. What are the new elements?", en AAVV., *The Gospel of Life and the Vision of Health Care* (Russel E. Smith Editor). Proceedings of the Fifteenth Workshop for Bishops. Dallas, Texas: The Pope John Center, pp. 150-169.

__________ (1996). "Le legislazioni sulla corporeità. Il saluto della Pontificia Accademia per la Vita", en AAVV., *Evangelium Vitae e diritto.* Acta Symposii Internationalis in Civitate Vaticana Celebrati, 23-25 de mayo de 1996. Libreria Editrice Vaticana, pp. 25-32.

__________ (1996). "Prefazione", en Cesari, C. y Di Prieto, M.L., *L'educazione della sessualità.* Brescia: Editrice La Scuola.

SGRECIA, E., Lombardi Ricci, M.L. (coords.) (1996). *La vita e l'uomo nell'età delle tecnologie riproduttive. Una domanda di sapienza e di agire responsabile*. Milán: Vita e Pensiero.

__________, *Prefazione*.

Año 1997

SGRECCIA, E. y Spagnolo, A.G. (1997). "La bioetica nel Corso di Laurea in Medicina e Chirurgia dell'Università Cattolica del S. Cuore", en Cattorini, P. y Ghetti, V. (coords.), *La Bioetica nelle Facoltà di Medicina*. Franco Angeli, pp. 97-108.

__________ (1997). "Introduzione. La bioetica alle soglie del Duemila", en Mazzoni, A. (ed.), *A sua immagine e somiglianza? Il volto dell'uomo alle soglie del 2000: un approccio bioético*. Città Nuova, pp. 11-38.

__________ y Di Pietro, M.L. (coords.) (1997). *Bioetica ed educazione*. Brescia: Editrice La Scuola.

__________ (1997). "Bioetica e diritti dell'uomo", en AAVV., *Scritti in onore di Guido Gerin*. Padova: CEDAM, pp. 427-433.

__________ y Valori, V.M. (1997). "Aspetti etici dell'assistenza al morente", en Lelli, G. y Valori. V.M. (coords.), *Aggiornamenti in cure palliative e domiciliari*. Edizioni Scientifiche Archivio "Casa Sollievo della Sofferenza", San Giovanni Rotondo (FG), pp. 261-266.

__________ y Spagnolo, A.G. (1997). "Religious considerations in clinical research. A Catholic view", en De Santo, N.G. y Eknoyan, G. (eds.), *Human Cinical Research: Ethics and Economics*. Istituto Italiano per gli studi filosofici.

__________, Sacchini, D. y Antico, L. (1997). "Anziani ed '*Evangelium Vitae*': riflessioni e strategie operative", en Rodriguez, F. y Rodriguez, J. (coords.), *Per una cultura della vita*. Actas del Congreso Internacional en el I aniversario de la publicación de la encíclica *Evangelium Vitae*. Roma, 22-24 de abril de 1996. Libreria Editrice Vaticana.

Sgrecia, E. (1997). "I limiti della scienza e l'educazione alla vita. L'apporto della bioetica", en AAVV., *Confini della scienza e educazione alla vita*, XXXV Convegno di Scholè, Editrice La Scuola.

__________ (1997). "L'Eglise catholique et l'exercice de la profession medicale", en AAVV., *La santé face aux droits de l'homme, à l'èthique et aux morales, Réseau européen "Médecine et droits de l'homme"*. Consiglio d'Europa Publishing, pp. 59-66.

__________ (1997). "Aspecten van de bo-ethiek in encycliek *Evangelium Vitae*", en AAVV., *Het embryo iets of iemand*. Uitgeverij Colomba, Oegstgeest, pp. 11-23.

__________ (1997). "Famiglia e Bioetica", en AAVV., *Evangelium Vitae. Encyklika Ocalenia Wspòlczesnei Rodziny I Swiata. The Encyclical of Salvation for the Family and the World Today*. Wydawnictawa Akademii Teologii Katolickiej, Varsovia, pp. 140-159 y 414-435.

__________ (1997). "Presentazione", en Spagnolo, A.G., *Bioetica nella ricerca e nella prassi medica*. Turín: Edizioni Camilliane, pp. 5-6.

Spagnolo, A.G., Sacchini, D. y Sgreccia, E. (1997). *La consultazione bioetica presso l'unità di cura continuativa dell'associazione "Attilio Romanini" di Roma: dati preliminari*. VIII° Congreso Nacional de la Sociedad Italiana de Cuidados Paliativos, Génova, Palazzo Ducale,

20-21 de noviembre de 1997

Sgreccia, E. (1997). "Presentazione", en Caporale, M., *Al confine tra la vita e la morte: il caso-limite dei bambini anencefalici*. Milán: Vita e Pensiero, pp. ix-x.

__________ (1997). "La convenzione sui diritti dell'uomo e la biomedicina", en *Medicina e Morale* (1), pp. 9-13.

__________ y Fiori, A. (1997). "La clonazione", en *Medicina e Morale* (2), pp. 229-240.

__________ y Di Pietro, M.L. (coords.) (1997). *Bioetica ed educazione*. Brescia: Editrice La Scuola.

SGRECIA, E. (1997). "*L'Evangelium Vitae* nell'insegnamento di Giovanni Paolo II". *Camillianum* (15), pp. 15-24.

__________ (1997). "Cumbre de la tierra", *Medicina e Morale* (4), pp. 659-663.

__________ Spagnolo, A.G., Magnavita, N., Morgani, A.R., Tortoreto, F. y Sgreccia, E. (1997). "Responsabilità etico-deontologiche del medico del lavoro di fronte all'infezione da HIV. Un'indagine conoscitiva", en *Medicina e Morale* (4), pp. 665-688.

__________ (1997). "Ingegneria genetica umana: problemi etici", *Impegno e Dialogo* (5), pp. 95-121.

__________ (1997). "La diagnosi prenatale: attualità in ambito ético", en *Orizzonte Medico* (5-6), pp. 48-53.

__________ (1997). "Ethics in psychiatry", en *The International Journal of Psychiatry and Behavioural Sciences* 7(2), pp. 63-68.

__________ (1997). "Considerazioni etiche sulla diagnosi prenatale", en *Familia e Vita* (3), pp. 53-65.

DI PIETRO, M.L., Spagnolo, A.G. y Sgreccia, E. (1997). "Suicidio e adolescenza: una prospettiva pedagógica", en *Acta Medica Romana*, 35(2), pp. 241-254.

SGRECCIA, E. (1997). *La persona y el respeto a la vida humana.* Actas del XVII Simposio Internacional de Teología de la Universidad de Navarra, Pamplona, 17-19 de abril de 1996, pp. 407-421.

__________ (1997). "Prólogo", en Gavigogeascoa, M.I., *Futilidad y toma de decisiones en medicina paliativa.* Córdoba: Publicaciones Obra Social y Cultural Cajasur, pp. 11-13.

__________ y Vial Correa, J.D. (1997). *Riflessioni sulla clonazione.* Libreria Editrice Vaticana.

__________ y Di Pietro, M.L. (coords.) (1997). *Interrogativi per la Bioetica. Nuova genetica, identità sessuale,* AIDS. Brescia: Editrice La Scuola. E. Sgreccia, *Presentazione*, pp. 5-8.

Año 1998

SGRECCIA, E., Mele, V., Miranda, G. y Sacchini, D. (coords.) (1998). *Le radici della Bioetica*. Actas del Congresso Internazionale. Roma, 15-17 de febrero de 1996, Milán: Vita e Pensiero.

__________ (1998). "Introduzione ai lavori della Task Force", en Pontificia Academia Pro Vita, *Identità e Statuto dell'embrione umano*. Libreria Editrice Vaticana, pp. 5-8.

__________ y Di Pietro, M.L. (1998). "Fondamenti bioetici della diagnostica e della terapia fetale", en Noia, G., Caruso, A. y Mancuso, S. (coords.), *Le terapie fetali invasive*. Società Editrice Universo, pp. 1-27.

__________ (1998). "Potenzialità e limiti del progresso scientifico e tecnológico", *Dolentium Hominum*, XIII (37), pp. 137-148.

__________ (1998). "The Catholic Church and the exercise of the medical profession", en AAVV., *The Human Rights, Ethical and Moral Dimensions of Health Care*. Council of Europe Publishing, pp. 59-65.

__________ (1998). "Presentazione", en Visani, A.M. y Salvi, E., *La donna marchigiana. Una femminilità vissuta in pienezza.* CEPSAG, pp. 7-9.

__________ (1998). "Ethics and rehabilitation medicine", en *Europa Medicophysica*, 34(1), pp. 45-50.

__________ y Mele, V. (1998). "Commento sulla Risoluzione del Parlamento Europeo sulle Biotecnologie", en *Orientamenti Sociali* (2), pp. 61-68.

__________ (1998). "Quando crolla il ponte", en *Notiziario della Banca Popolare di Sondrio* (77), pp. 2-5.

__________ (1998). "L'etica dello sviluppo", en AAVV., *Il contributo italiano alla realizzazione della "Carta della Terra" nel 50° anniversario delle Nazioni Unite*. Actas de la Convención Internacional de la Academia de las Ciencias, Roma, 6-7 de mayo de 1996, pp. 179-197.

ANTICO, L., Sacchini, D., Spagnolo, A.G. y Sgreccia, E. (1998). Resource Allocation and rationing: A Western European View, en *Health Care Under Stress. Moral Integrity in Time of Scarcity* (editado por Glasa, J. y Klepanec, J.R.). Institute of Medical Ethics and Bioethics Fdn, Bratislava, pp. 63-69.

Spagnolo, A.G., Sacchini, D. y Sgreccia, E. (1998). "The Ethical Role of the Physican in Diagnosis Related Groups-Based Health Care System", en AAVV., *Health Care Under Stress. Moral Integrity in Time of Scarcity* (editado por Glasa, J. y Klepanec, J.R.), Institute of Medical Ethics and Bioethics Fdn, Bratislava, pp. 81-87.

Sgreccia, E. y Vial Correa, J.D. (1998). "Reflexions on cloning", en *Glasnik*, VIII, pp. 12-17.

_________ (1998). "Etica e riabilitazione", en AAVV., *La riabilitazione oltre il 2000.* Actas del Congreso Internacional, Roma, 24-25 de octubre de 1996, Fondazione Don Carlo Gnocchi-Onlus, pp. 91-97.

Año 1999

Sgreccia, E., Styczen, T., Chabrajska, D. y Merecki, J. (edits.) (1999). *Medicine and Law: for or against life?* Proceedings of the symposium held on the 50th anniversary of the United Nations Universal Declaration of Human Rights, 30 de noviembre-1 de diciembre de 1998, Libreria Editrice Vaticana.

_________ *The methodology of the session: man faced with challenges of biomedical sciences*, pp. 39-56.

Vial Correa, J.D. y Sgreccia, E. (edits.) (1999). *Human genome, human person and the society of the future.* Procedeedings of fourth assembly of the Pontifical Academy for Life, Ciudad del Vaticano, 23-25 de febrero de 1998, Libreria Editrice Vaticana.

Sgreccia, E. y Di Pietro, M.L. (coords.) (1999). *Procreazione assistita e fecondazione artificiale tra scienza, bioetica e diritto.* Brescia: Editrice La Scuola.

Sgreccia, E., Spagnolo, A.G. y Di Pietro, M.L. (coord.) (1999). *Bioetica. Manuale per i Diplomi Universitari della Sanità.* Milán: Vita e Pensiero.

_________ (1999). *Manuale di Bioetica.* I volume: Fondamenti ed etica biomédica. 3ª ed., Milán: Vita e Pensiero.

_________ (1999). "Umetna Oploditev in Etika", en *Za Zivljenje* (2), pp. 5-31.

Sgreccia, E. y Di Pietro, M.L. (1999). "Etica della responsabilità in Oncologia Ginecologica", *Medicina e Morale*, (6), pp. 1057-1071.

Año 2000

Sgreccia, E. (2000). "La Chiesa cattolica e l'esercizio della professione medica", en aavv., *Diritti umani e Bioetica. Rapporto medico-paziente in 120 casi pratici.* seps, pp. 57-64.

__________ (2000). "Cultura della pace e rispetto dell'ambiente", en aavv., *Rassegna. I Convegni Maria Cristina di Savoia.* 52ª Convención Nacional, Roma, 14-17 de junio de 2000, pp. 71-79.

__________ (2000). *Storia della medicina e storia dell'etica medica verso il terzo millennio.* Rubbettino, Ed. 2000.

__________ Pennacchini, M. y Fisso, M.B. (2000). "I Documenti della Chiesa sulla questione Ambientale", en *Medicina e Morale* (4), pp. 635-675.

__________ (2000). "Editoriale: Un manifesto di biopolitica: per una nuova democracia", en *Medicina e Morale* (4), pp. 631-633.

__________ (2000). "La scienza tra verità e lusinga", en *Medicina e Morale* (2), pp. 233-236.

__________ (2000). "Introduzione, en Tavola Rotonda, Salute, culture e religioni", en *Camillianum* (21).

__________ (2000). "Genetics and neurosciences: bioethical aspects", en aavv., *Genetics in Neuroscience.* Actas del 2° Congresso Internazionale, Terni, 2-5 de julio de 2000. Pramodis: Italia Editrice, pp. 25-38.

__________ y Torlone, G. (2000). "Scienza ed etica: una questione di método", en *Ricerche. Bollettino delle ricerche del Ministero della Sanità* (2), pp. 115-118.

Carrasco, J. y Sgreccia, E. (2000). *Identidad y estatuto del embrion humano.* Ética y Sociedad, Ed. 2000.

Sgreccia, E., Pennacchini, M. y Fisso, M.B. (2000). "I documenti della Chiesa sulla questione ambientale", en *Medicina e Morale* (4), pp. 635-675.

SGRECCIA, E. (2000). *L'Accademia per la Vita e la promozione della cultura bioé-tica.* Actas del Curso Residencial de bioética, Ospedale Pediatrico Bambino Gesù, Roma.

__________ (2000). *Lettura Magistrale.* Actas de la Convención "Etica e Dona-zione", Loreto, 20-21 de octubre de 2000, en Quaderni della For-mazione, AVIS, Milán.

__________ y Vial, J.D. (2000). *Dichiarazione sulla produzione e sull'uso sientifico e terapeutico delle cellule staminali embrionali umane.* Pontificia Ac-cademia per la Vita: Libreria Editrice Vaticana.

Año 2001

SGRECCIA, E. (2001). "Pozdrav uime Papinske akademije za zivot", en AAVV., *Sta-tus lijudskog embrija.* Zagreb, pp. 11-14.

VIAL, J.D. y Sgreccia, E. (coords.) (2001). *Evalgelium Vitae. Five Years of confron-tation wirìth the society.* Proceedings of the sixth assembly of the Pontifical Academy for Life: Libreria Editrice Vaticana.

SGRECCIA, E. (2001). "Orizzonti e problemi del nuovo umanesimo", en *Banca Popolare di Sondrio, Notiziario* (85), pp. 60-63.

__________ (2001). "Nei congelatori, embrioni o ovuli?", en *Medicina e Morale* (3), pp. 439-442.

__________ (2001). "Alcune considerazioni etiche sul Liber Augustalis' di Fede-rico II di Svevia", en *Medicina e Morale* (3), pp. 443-460.

__________ (2001). "Umele oplodneni a eugenika (Artificial fertilisation and Eugenics)", en *Scripta Bioetica,* (1), pp. 4-19.

__________ y Citterio, F. (2001). "Uno sguardo della fede: la missione della Chiesa", en Zaninelli, S. (coord.), *Scienza, tecnica e rispetto dell'uo-mo.* Milán: Vita e Pensiero, pp. 197-207.

__________ y Pellegrino, E. (2001). *Statement on Conference on 'Women's Heal-th Issues:* Selection of Papers, Georgetown University Medical Cen-ter, Washington, D.C.

__________ (2001). "Ecologia umana ed ecologia naturale del punto di vista della bioetica", en *La Società* (5), pp. 561-566.

SGRECCIA, E. y Di Pietro, M.L. (2001). "The life of the spirit in corporeity: person and personality", en *Philippiniana Sacra*, XXXVI, (107), pp. 211-246.

___________ (2001). *La prospettiva degli Xenotrapianti. Aspetti scientifici e considerazioni etiche.* Pontificia Accademia pro Vita: Libreria Editrice Vaticana.

___________ (2001). *Prospects for Xenotrasplantation. Scientific Aspects and Ethical Consideration.* Pontificia Accademia pro Vita: Libreria Editrice Vaticana.

Año 2002

SGRECCIA, E. y Vial Correa, J.D. (eds.) (2002). *La cultura della vita: fondamenti e dimensioni.* Actas de la séptima Asamblea General de la Pontificia Accademia per la Vita, Libreria Editrice Vaticana.

___________ (2002). "Globalizzazione e bioetica", en *Medicina e Morale* (1), pp. 9-12.

___________ (2002). "Quando la fede si confronta con la legge nell'ambito delle biotecnologie umane", en *Medicina e Morale* (3), pp. 407-427.

___________ y Calabro, G.P. (coords.) (2002). *I diritti della persona nella prospettiva bioetica e giuridica.* Actas de la Convención de Roma, septiembre de 2000. Lungro di Cosenza: Marco Editore.

___________ y Fiori, A. (2002). "L'eredità di Van Rensselaer Potter", en *Medicina e Morale* (4), pp. 605-608.

___________ (2002). "Etica e riabilitazione", en Pessina, A. y Picozzi, M. (coords.). *Percorsi di Bioetica.* Milán: Vita e Pensiero, pp. 163-178.

___________, Gambino, G. y Spagnolo, A.G. (2002). "Fondaments théologiques de la morale catholique", en AAVV., *Ethique et médecine de catastrophes.* Strasbourg: Editions du Conseil de l'Europa.

___________ (2002). "La diagnosi prenatale", en el volumen *La dignità dei bambini e loro diritti.* Recopilación del Pontificio Consiglio per la Famiglia, Libreria Editrice Vaticana.

Sgreccia, E. y Vial Correa, J.D. (eds.) (2002). *Natura e dignità della persona umana a fondamento del diritto alla vita*. Actas de la octava Asamblea General de la Pontificia Accademia per la Vita, Libreria Editrice Vaticana.

__________ (2002). *Manuale di Bioetica*. II volume: Aspetti medico-sociali, 3ª ed., Milán: Vita e Pensiero.

__________ (2002). "Questioni etiche dell'assistenza medica di pazienti in stato vegetativo persistente", en Noriega, J. y Di Pietro, M.L. (coords.), *Nè accanimento, né eutanasia*. Lateran University Press, Pontificia Università Lateranense.

__________ (2002). "Desafios de la bioética", en *Vida y Espiritualidad*, (52), pp. 45-58.

Año 2003

Sgreccia, E. y Spagnolo, A.G. (2003). "Aspetti bioetici nella gestione del paziente critico", en Coraggio, F. y Balzanelli, M.G. (eds.). *Trattato delle emergenze medico-chirurgiche e di terapia intensiva*. Roma: cic Ed. Internazionali.

__________ (2003). *Biotecnologia: stato e fondamentalismi*. Pontificio Consiglio per la Famiglia. Bologna, Lexicon: Dehoniane, pp. 29-42.

__________ (2003). *Comitati di Bioetica*. Pontificio Consiglio per la Famiglia. Bologna: Lexicon: Dehoniane.

__________ (2003). "La proposta di legge sulla 'procreazione medicalmente assistita': una difficile prova per il biodiritto", *Noziario della Banca Popolare di Sondrio* (91).

__________ (2003). "La politica della ricerca biomedica: valori e priorità", en *Medicina e Morale* (1), pp. 11-65.

__________ y Di Pietro, M.L. (coords.) (2003). *Biotecnologie e futuro dell'uomo*. Milán: Vita e Pensiero.

__________ (2003). "Preface", en Spagnolo, A.G. y Gambino, G. (eds.). *Women's Health Issues*. Roma: Società Ed. Universo.

SGRECCIA, E. (2003). "Attualità delle problematiche bioetiche e contesto culturale", en Segreteria Generale della CEI (coord.), *Atti del Corso di Aggiornamento su temi di Bioetica*. Sacrofano (Rm), 14-16 de noviembre de 2001. (Se terminó de imprimir en mayo de 2003.)

__________ (2003). "A dignidade de pessoa humana na bioetica de inspiração católica", en *Cuadernos de Bioética*, XII (32), pp. 96-109.

__________ y Tortoreto, D. (2003). "Lo sviluppo sostenibile: considerazioni etiche", *Medicina e Morale* (5), pp. 887-916.

Año 2004

SGRECCIA, E. y Vial, J.D. (eds.) (2004). *Ethics of biomedical research in a christian vision*. Proceedings of the Ninth Assembly of the Pontificial Academy for Life: Libreria Editrice Vaticana.

__________ (2004). "Introduction", en Hansol, R.K., *Proceedings of the Conference "Abuse of children and young people by catholic priests and religious"*. Pontificial Academy for Life: Libreria Editrice Vaticana.

__________, Colombo, R. y Fiori, A. (2004). "Ultima frontiera: l'ootide o zigote 2N", en *Medicina e Morale* (3), pp. 461-467.

__________ (2004). *Eugenetica e Procreazione Assistita*. Voz de la Enciclopedia de bioética y sexología coordinada por Russo, G. Ed. Velar, ELLEDICI.

__________ y Tortoreto, D. (2004). "Inquinamento da campi elettromagnetici. Considerazioni etiche", en Di Monte, M., *Elettrosmog, progresso, salute*. Bari: Levante Ed., pp. 129-137.

__________ (2004). "Lectio Magistralis 'Bioetica nella vita nascente: prospettive di un rinnovato impegno civile e politico'", en F.M. Boscia (coord.), *Atti IV Congresso nazionale della Società Italiana per la Bioetica ed i Comitati Etici*. Bari: Puglia Grafica Sud.

__________ (2004). "Vegetative state and brain death: Philosophical and ethical issues from a personalistic view", en Gigli, G.L. y Zasler, N.D. (eds.), *NeuroRehabilitation. An Interdisciplinary Journal. Life-Sustaining Treatments in Vegetative State: Scientific Advances and Ethical Dilemmas*, 19(4), pp. 361-366.

SGRECCIA, E. (2004). "Votazione preoccupante all'Assemblea Parlamentare del Consiglio d'Europa", en *Medicina e Morale* (6), pp. 1109-1114.

__________ (2004). "Pontificia Academia para la vida: bastión en la defensa de la vida", en *Vida y Ética*, 5(2), pp. 45-58.

__________ (2004). "Bioética personalista y consideraciones respecto del final de la vida", en *Vida y Ética*, 5(2), pp. 105-115.

Año 2005

SGRECCIA, E. (2005). "La posizione della Chiesa di fronte alla vita e alla salute nell'attuale contesto socioculturale", en Camillianum (13), pp. 9-31.

__________ (2005). "L'eredità di Giovanni Paolo II", en *Medicina e Morale* (2), pp. 329-334.

__________ (2005). *La bioética como praxis*. Buenos Aires: Educa.

__________ (2005). "Personalism in Bioethics: the proposal for a confederation", en Campion, B. y Walsh, L. (eds.), *Globalization and the culture of life: care of the frail elderly and the dying*. Canadian Catholic Bioethics Institute, Toronto, Canadá.

Año 2006

SGRECCIA, E. y Carrasco de Paula, I. (eds.) (2006). *Quality of life and the ethics of health*. Proceedings of the Eleventh Assembly of the Pontificial Academy for Life: Libreria Editrice Vaticana.

__________ y Serebrovska, Z. (2006). *Bioetica in Europa e in America: prospettive e problema*. Actas del Congreso Internacional celebrado en Kiew, pp. 127-129.

__________ (2006). *Bioetica nel quotidiano*. Milán: Vita e Pensiero.

__________ (2006). "Bioetica, Biodiritto e Biopolitica", en *Notiziario della Banca Popolare di Sondrio* (101), pp. 28-30.

MELINA, L., Sgreccia, E. y Kampowwski, S. (coords.) (2006). *Lo splendore della vita: Vangelo, scienze ed ética*. Libreria Editrice Vaticana.

SGRECCIA, E., *Evangelium Vitae a dieci anni: un'antropologia del dono della vita*, pp. 19-34.

__________ (2006). "I problemi della bioetica oggi", en AAVV., *Incontro di Riflessione "Duc in Altum". Pellegrinaggio alla Tomba di San Pietro*. Libreria Editrice Vaticana, pp. 225-247.

__________ (2006). "La dignità della persona umana in ogni fase della sua esistenza", en *Giornale di Gerontologia*, LIV (supl. 2-5), pp. 65-77.

__________ (2006). "Foundation of the ethics of life: ethical personalism", en AAVV., *Celebrating the gospel of life: basic issues in Bioethics*. Proceedings of the International Congress on Bioethics, Manila, 5-7 de diciembre de 2005, University of Santo Tomas, pp. 19-38.

__________ (2006). *Aborto. O ponto de vista da bioética*. San Joao do Estoril: Principia, Portugal.

Año 2007

SGRECCIA, E. (2007). "El magisterio de Juan Pablo II sobre la vida humana. La perspectiva cristocentrica", en *Sphaera* (12).

__________ y Lafitte, J. (2007). *The human embryo before implantation. Scintific aspects and bioethical considerations*. Proceedings of the Twelfth Assembly of the Pontificial Academy for Life: Libreria Editrice Vaticana.

__________ Spagnolo, A.G. y Di Pietro, M.L. (2007). *Bioetica. Manuali per i Diplomi Universitari della Sanità*. USAID, Ucrania.

__________ (2007). "Bene comune e coerenza ética", en *Medicina e Morale* (3), pp. 467-472.

__________ (2007). "Messaggio di benvenuto al 3° Congresso Internazionale FIBIP", en AAVV., *Critical Analysis of the UNESCO: Declaration on the Universal Norms on Bioethics*. Comisión Episcopal de Pastoral Familiar, Universidad Anáhuac, México.

__________ (2007). *Manuale di Bioetica*. Vol. I. Fondamenti ed etica medica. 4ª ed., Milán: Vita e Pensiero.

Sgreccia, E. (2007). "L'insegnamento di Giovanni Paolo II sulla vita umana. La prospettiva cristocentrica", en *Medicina e Morale* (5), pp. 885-904.

__________ (2007). *Il valore della professione medica e il dovere di esercitarla con carità*. Actas de la Convención "L'operatore sanitario: tra professione e testimonianza cristiana". AMCI di Bologna, pp. 7-17.

Año 2008

Sgreccia, E. (2008). "La risoluzione sull'aborto del Consiglio d'Europa. Un'affermazione contraria ai diritti umani", en *Medicina e Morale* (3), pp. 479-482.

__________ (2008). "La contribución de la Iglesia católica al desarrollo de la bioética. *Ars Medica* (16), pp. 215-230.

__________ (2008). "La risoluzione sull'aborto del Consiglio d'Europa. Un'affermazione contraria ai diritti umani", en *Medicina e Morale* (3), pp. 479-482.

__________ (2008). "Lidentité de la persone humaine: substance et relation. Implication dans le domaine de la Bioéthique", en Carosella, E., *L'identité changeante de l'individu. La costante construction du Soi*. Actas del Congreso Intraacadémico, París: L'Harmettan, pp. 167-188.

__________ (2008). *Bioética Personalista: el amor matrimonial plenamente humano: exclusivo, fiel y fecundo*. Comunicación presentada en las X Jornadas de Bioética. Buenos Aires: Nuevo Schoenstatt.

4.3. Periodo posterior a la presidencia de la Pontificia Accademia per la Vita

Después de su renuncia por edad avanzada a la presidencia de la Pontificia academia para la Vida, continúa ligado a ella y al estudio de la bioética como presidente emérito. Su trabajo continúa en la búsqueda del fundamento del criterio para definir qué está bien y qué no en el obrar biomédico y en la búsqueda de *las razones de la razón*, bajo el criterio de la dignidad de la persona humana, entendida no sólo como sujeto adulto que razona, sino como una realidad global, desde el primer momento de la concepción hasta el final de la vida.

Año 2009 y siguientes

Sgreccia, E. (2009). "La dignità della persona", en *Il notiziario della Banca Popolare di Sondio* (109), pp. 152-156.

__________ (2009). *Manual de bioética*. I Fundamentos y ética biomédica, 3ª ed., Madrid: Biblioteca de Autores Cristianos.

__________ y Laffitte, J. (eds.) (2009). *La conciencia cristiana como sustento del derecho a la vida*. Actas de la XIII Asamblea para la Vida, Ciudad del Vaticano, 23-25 de febrero de 2007. Madrid: Biblioteca de Autores Cristianos.

__________ (2009). "L'educazione degli adolescenti alla responsabilità", en *Camillianum* (26), pp. 203-205.

__________ (2009). "I problemi della Bioetica oggi", en el volumen *Duc in Altum*. Incontro di riflessione promosso dalla Congregazione per i Vescovi, Libreria Editrice Vaticana, pp. 418-433.

__________ y Laffitte, J. (eds.) (2009). *Junto al enfermo incurable y al que muere: orientaciones éticas y operativas*. Actas de la XIV Asamblea General de la Pontificia Academia para la Vida. Madrid: Ed. Biblioteca de Autores Cristianos.

__________, *La información al enfermo incurable*, pp. 269-289.

__________ y Tarantino, A. (coord.) (2009). *Enciclopedia di Bioetica e Scienza Giuridica*, vol. II. Nápoles: Edizioni Scientifiche Italiane.

__________ (2010). "*Evangelium Vitae*: un'Enciclica per la pastorale della vita", en aavv., *Amare la vita*. Recopilación de la Associazione Difendere la Vita con Maria, Milán: Ed. Ares, pp. 107-132.

SGRECCIA, E. (2010). "Dialogo in Bioetica: per una medicina fondata sulla persona umana", en *Medicina e morale*, 60(3), pp. 405-422.

__________ (2010). "Bioética e industria farmacéutica", en *Noticiario de la Banca Popolare di Sondrio* (112), pp. 26-30.

__________ (2010). *E' preciso vencer a ignorancia*. Entrevista publicada con ocasión de una conferencia impartida en Lisboa, y publicada en la revista *Vida*, abril de 2010, pp. 28-30.

__________ (2011). *Per una pastorale della vita umana*. Siena, Roma: Cantagalli.

4.4. Entrevistas concedidas a diferentes medios

SGRECCIA, E. (28 de noviembre de 1999). "Vatican theologians say 'prudent yes' to GM foods", en *The Observer*.

__________ (13 de noviembre de 2000). "Ética y biotecnología: Una respuesta cristiana", en Zenit.org.

__________ (14 de febrero de 2001). "La Iglesia ante la investigación biomédica", en Zenit.org.

__________ (10 de abril de 2001). "Nei congelatori, embrioni o ovuli?", en *L'Osservatore Romano*.

__________ (10 de agosto de 2001). "Monseñor Sgreccia reitera oposición de la Santa Sede a clonación de seres humanos", en Eclesiales.org.

__________ (26 de febrero de 2002). "Academia para la Vida quiere unir a laicos y católicos contra el aborto", en Zenit.org.

__________ (16 de marzo de 2004). "Personas en estado vegetativo conservan su dignidad", en *ACI Prensa*.

__________ (1 de junio de 2004). "¿Por qué es hoy necesario el 'personalismo cristiano' en bioética?", Zenit.org.

__________ (3 de septiembre de 2004). "Sette domande sull'eutanasia", en *L'Osservatore Romano*.

Sgreccia, E. (3 de septiembre de 2004). "La eutanasia en Holanda: ¡también para niños!", en *L'Osservatore Romano.*

__________ (12 de octubre de 2004). "Brevi note sul caso della bambina inglese Charlotte Wyatt", en *L'Osservatore Romano.*

__________ (17 de febrero de 2005). "Fidelidad y castidad son más eficaces que preservativos contra sida", en *aci Prensa.*

__________ (14 de mayo de 2005). "La muerte de Terri sería eutanasia directa", en *aci Prensa.*

__________ (26 de julio de 2005). "Le disposizioni anticipate di trattamento", en *L'Osservatore Romano.*

__________ (25 de febrero de 2006). "Embrión es un hijo en relación especial con Dios y sus padres", en *aci Prensa.*

__________ (23 de abril de 2006). "Il silenzio della Corte Europea dei Diritti dell´uomo", en *L'Osservatore Romano.*

__________ (23 de abril de 2006). "La Iglesia no ha cambiado postura respecto de la vida y otros temas morales", en *aci Prensa.*

__________ (18 de junio de 2006). "Il dibattito sulla vita umana dopo il si dell'Europarlamento ai finanziamenti per la ricerca sulle cellule staminali embrionali", en *L'Osservatore Romano.*

__________ (28 de agosto de 2006). "Santa Sede rechaza técnica 'ética' para obtener células estaminales embrionales", en *aci Prensa.*

__________ (20 de septiembre de 2006). "La recherche sur les cellules souches embryonnaires", en *Le Monde.*

__________ (Septiembre-octubre de 2006). "Interview with Bishop".

__________ Sgreccia, President of the Pontifical Academy for Life", en *Population Research Institute.*

__________ (24 de enero de 2007). "Sgreccia denuncia 'autogenocidio' de la especie humana", en *aci Prensa.*

__________ (9 de septiembre de 2007). "L'embrione ibrido (cybrids)", en *L 'Osservatore Romano.*

__________ (15 de septiembre de 2007). "Nunca debe interrumpirse una vida que puede sostenerse", en *aci* Prensa.

Sgreccia, E. (22 de noviembre de 2007). "Alto a la destrucción de embriones", en *ACI Prensa*.

__________ (21 de enero de 2008). "Posible clonación humana sería nefasta manipulación del hombre", en *ACI Prensa*.

__________ (27 de abril de 2008). "La risoluzione sull'aborto del Consiglio d'Europa, un'affermazione contraria ai diritti umani", en *L'Osservatore Romano*.

__________ (16 de junio de 2008). "Europa debe revisar sus políticas abortistas", en *La Nación*.

__________ (18 de noviembre de 2008). "Selección embrionaria y eutanasia son "legitimación de un abuso", en *ACI Prensa*.

__________ (20 de mayo de 2009). "Defensa de la vida no es precepto religioso, sino derecho inviolable", en *ACI Prensa*.

__________ (4 de agosto de 2010). "Usar embriones humanos para 'tratamientos' médicos es crimen", en *ACI Prensa*.

5. Elio Sgreccia y la bioética personalista aplicada

Mencionamos en el capítulo 1 que nunca ha sido intención de Elio Sgreccia elaborar una noción de persona propia, sino que se ha valido de la noción clásica de persona elaborada por Boecio y confirmada y precisada por Tomás de Aquino. Por ello, para poder analizar, como es el propósito del presente texto, la dignidad de la persona en su obra, debemos recurrir a la técnica indirecta del análisis de contenidos.

Por este motivo, en este capítulo vamos a relacionar analíticamente los escenarios temáticos en que Elio Sgreccia aplica la bioética personalista, y desde luego, la relación de estos análisis y retos de la biomedicina con la noción de dignidad humana.

Elio Sgreccia ha denunciado durante toda su vida todas aquellas situaciones que atentan contra la dignidad humana. Los artículos o entrevistas aquí analizados han sido seleccionados por ser los que, a nuestro juicio, mejor definen la postura de Elio Sgreccia en torno a la dignidad humana, en el periodo analizado, bien entendido que en la práctica totalidad de su obra, su postura es permanentemente fiel a la bioética personalista y al Magisterio de la Iglesia, como no puede ser de otro modo.

5.1. Diagnóstico genético preimplantacional

En el año 2006, tuvo lugar la duodécima asamblea de la Pontificia Academia para la Vida, bajo la presidencia de Elio Sgreccia. Dicha asamblea estuvo dedicada al estudio y análisis de los aspectos científicos y de las consideraciones bioéticas acerca del embrión humano antes de la implantación. En ellas, nuestro autor afirmó claramente que un embrión es un ser humano, ya que posee un código genético propio y no es la mera suma de los gametos masculinos y femeninos de sus progenitores. No podemos aplicar la dignidad humana exclusivamente a unas determinadas etapas de la vida de las personas, según convenga, porque si no, la idea de dignidad pierde todo su sentido y se convierte en algo circunstancial y aleatorio.[1]

En esta asamblea, Elio Sgreccia denunció cómo, en varias oleadas de pensamiento se han desarrollado diversas campañas de presión a favor de la legalización del aborto apoyadas por la llamada revolución sexual y las leyes permisivas en casi todos los países europeos, en los que se legalizó el aborto, alegando el derecho a elegir de la madre. Esta *ratio philosophica*, basada en la autonomía y sensibilidad psicológica de las mujeres se asociaban a la negación de la plena dignidad de los embriones humanos y su derecho a la vida desde el comienzo de la fecundación.[2]

Las oleadas de pensamiento contra la dignidad humana del embrión en la fase preimplantatoria, se agravaron con la publicación del Informe Warnock en el Reino Unido,[3] que utilizaba el término

---

[1]   E. Sgreccia y J. Lafitte (2007). "Presentation", en *The human embryo before implantation. Scintific aspects and bioethical considerations.* Proceedings of the Twelfth Assembly of the Pontifcial Academy for Life, Libreria Editrice Vaticana, pp. 5-9.

[2]   *Ibidem,* p. 5.

[3]   M. Warnock (1985). *Op. cit.*

"pre-embrión" y dio pie al desarrollo de diferentes teorías que argumentaban en contra de la condición humana del embrión en dicha fase, por lo que Elio Sgreccia se ha visto obligado a discutir y refutar dichos argumentos. Posteriormente, se ha agravado el problema con una nueva oleada de pensamiento, cuyo eje principal sigue girando en torno al evento de la fecundación y el desarrollo temprano del embrión dentro del cuerpo de la madre o en el laboratorio.[4]

Estas teorías han llevado a muchas personas enfermas a soñar con una victoria final sobre enfermedades graves como el Parkinson, el Alzheimer, la diabetes y muchas otras. Sgreccia indica que este vuelo de la imaginación se encuentra en las fronteras de la "ciencia ficción", sin base científica e incluso sin la experimentación suficiente con animales. Hay personas que piden fondos para la investigación con células madre embrionarias y hay quienes acusan a la Iglesia, que constantemente se refiere al carácter ilícito de la eliminación de un embrión mediante la invocación de su dignidad como ser humano individual, de oscurantismo y de un enfoque sádico hacia los enfermos desafortunados. En este punto, Sgreccia es rotundo al afirmar que lo verdaderamente sádico e inútil es la eliminación de los embriones que han sido clonados o fecundados *in vitro* con el fin de ser utilizados como una forma de medicina milagrosa o panacea terapéutica.[5]

El resultado, según Sgreccia, es que el embrión pasa a ser explotado, clonado, patentado y comercializado, proclamando que no es más que un conglomerado de células, reduciéndolo a un producto para finalmente acabar con él. Frente a este pensamiento utilitarista, Sgreccia afirma que existe un ser humano durante el periodo preimplantatorio, con una identidad antropológica real que se encuentra estructurado y animado por una vitalidad espiritual, y que ya está en

---

[4]   E. Sgreccia y J. Lafitte (2007). *Op. cit.*, pp. 5-6.

[5]   *Ibidem*, pp. 6-7.

posesión de la plena dignidad humana, que es la dignidad propia de un ser humano que no es simplemente un producto biológico.[6]

5.2. Embrión híbrido (animal-humano)

Ante la decisión de la Oficina Británica para la Fertilización y Embriología, que proporciona vía libre a la creación de embriones híbridos o quimeras (animal-humano), con fines de investigación, Elio Sgreccia se manifestó claramente en contra, definiéndola como un acto monstruoso contra la dignidad humana e indicando que es necesario que la comunidad científica se movilice ante las exigencias de un grupo de científicos que atentan claramente contra la moral.[7]

Según Elio Sgreccia, si ya la inseminación artificial priva a la procreación humana de la dignidad por la falta de la relación personal entre marido y mujer,[8] y si la clonación humana se caracteriza por una privación adicional de la humanidad y la dignidad, con el cruce de frontera que representa la clonación híbrida, la deshumanización llega a los umbrales de la monstruosidad.

Respecto a la ética de los investigadores en este tema, indica Sgreccia que no puede ser otra cosa que la utilitarista, apartada de la dignidad humana y racional. Queda la esperanza de que los esfuerzos de los científicos sean sensibles a una ética basada en la verdadera dignidad humana, la dignidad contemplada para las primeras etapas de la vida, el embrión.

---

[6]   *Ibidem*, pp. 7-8.

[7]   E. Sgreccia "L'embrione ibrido (cybrids)", en *L'Osservatore Romano,* 9 de septiembre de 2007.

[8]   Sgreccia ha llegado a definir la procreación asistida como "una técnica veterinaria de auxilio al adulterio". Cfr. Zanuttini, P. (2006). "Sulla procreazione, con questo governo non c'è terreno fertile", en *Il Venerdi di Repubblica*, p. 49.

5.3. Aborto

Sgreccia afirma que lo que se coloca en juego con las propuestas de legalización del aborto es la propia dignidad del ser humano. La vida es un derecho natural primario, el cual, como mandamiento de Dios, "no matar", debe acogerse y afirmarse en el interior de cada persona. Justamente por ser la vida el valor fundamental de la persona, Sgreccia coloca la "defensa de la vida física" como el primer principio de la bioética personalista. En una entrevista concedida al diario *La Nación*,[9] Sgreccia afirmaba que Europa debe revisar sus políticas abortistas, porque el verdadero trasfondo es la negación de la dignidad integral de la persona humana.

En su opinión, uno de los problemas de la actualidad relacionados con el aborto y el uso de embriones en la experimentación es el nacimiento de teorías nuevas que intentan dar otros nombres a la realidad y así "amenizar" el impacto de las intervenciones ilícitas realizadas sobre el ser humano, por ejemplo, el uso del término "pre-embrión" utilizado por muchos científicos interesados en la manipulación de embriones humanos.[10]

Dice Sgreccia:

Aunque en el embrión humano no se entrevean todas esas características que consideramos propias de una persona, hay que tener presente no obstante que el embrión tiene en sí como finalidad el ser esa persona. Y puesto que el fin no es sólo la conclusión de un recorrido o, como en este caso, de un desarrollo, sino que es lo que lo orienta y lo determina, se deduce de ello que ese cigoto humano que está destinado a convertirse en esa persona lo es ya desde el comienzo de su aparición.[11]

---

[9]   E. Sgreccia (16 de junio de 2008). "Europa debe revisar sus políticas abortistas", en *La Nación*.

[10]   E. Sgreccia y J. Lafitte (2007). *Op. cit.*

[11]   E. Sgreccia (2009), pp. 559-560.

Por ello, afirma que la conclusión que se impone desde una filosofía personalista sólo puede ser una, que el embrión tiene el valor propio de una persona humana y considera el aborto como "un delito contra la vida personal, o mejor, contra la persona; es un homicidio en la realidad de los hechos".[12] y que los eslóganes actuales que afirman cosas tales como que "el embrión es parte del organismo materno", que "el aborto provocado es como cualquier otra intervención" o que "la mujer tiene pleno derecho sobre su vientre", son una ofensa a la seriedad de la ciencia, más aún que a la moral.[13]

El 16 de abril de 2008, el Consejo de Europa solicitó a los 47 Estados miembros orientarse para dirigir su legislación, a fin de garantizar que las mujeres tengan "el derecho al acceso al aborto seguro y legal".

El documento fue aprobado con 102 votos a favor, 69 en contra y 14 abstenciones.[14] Ante esta circunstancia, Elio Sgreccia se manifestó indicando que, en su opinión, es una declaración contraria a los derechos humanos.

Aunque la resolución comienza reiterando el principio de que en ningún caso debe entenderse el aborto como medio de planificación familiar y que, en la medida de lo posible, debe evitarse (lo que parece reconocer y afirmar claramente que el aborto es una realidad en sí misma negativa), el desarrollo del texto indica que en determinadas condiciones y circunstancias, se puede permitir el aborto, lo que causa una gran preocupación en Sgreccia, pues le resulta sorprendente que sea la primera vez en un documento oficial del Consejo de Europa en el que se habla del aborto como un derecho, pues, según sus palabras, desde el punto de vista legislativo, una cosa es permitir o despenalizar la práctica del aborto en ciertas circunstancias, y

---

12   *Ibidem*, p. 558.

13   *Ibidem*, p. 547.

14   Council of Europe, Parliamentary Assembly (2008). *Access to safe and legal abortion in Europe*. Resolution 1607. Disponible en http://assembly.coe.int/Main.asp?link=/Documents/AdoptedText/ta08/ERES1607.htm

otra, definirlo como un derecho, ya que no encuentra ninguna base para justificar tal derecho de quitar la vida a un ser humano inocente, débil e indefenso y, en estas circunstancias, hay criterios antropológicos discriminatorios y arbitrarios, al no reconocer la igual dignidad de todo ser humano.

Según nuestro autor, el concebido no se puede reducir al cuerpo de la mujer embarazada, como demuestra más allá de toda duda razonable, la embriología más moderna. La resolución pasa por encima este aspecto fundamental, tratando de que el significado antropológico pase desapercibido y afirmando valores que son bastante cuestionables, aunque sólo sea en el nombre del pluralismo de pensamiento como afirman los defensores de estas declaraciones. Por lo tanto, indica, es totalmente artificial y populista la acusación contra la Iglesia católica por parte de algunos parlamentarios, de actuar y de hablar con el fin de privar a las mujeres de su derecho más fundamental de disponer de sus cuerpos. Esta idea representa una clara reducción que distorsiona la realidad, puesto que el aborto no puede ser reducido a una mera cuestión de la gestión del cuerpo de la mujer. De hecho, Sgreccia afirmaque contiene la dramática decisión de destruir una vida humana, la de su hijo, cuyo valor subyacente es igual a la de la madre.[15]

5.4. Fecundación *in vitro* Congelación de embriones

Elio Sgreccia publicó en *L'Osservatore Romano* un artículo sobre el tan polémico tema de embriones y óvulos crioconservados para ser

---

[15]   E. Sgreccia. (27 de abril de 2008). "La risoluzione sull'aborto del Consiglio d'Europa, un'affermazione contraria ai diritti umani", en *L'Osservatore Romano*.

utilizados para "diversas razones" con carácter científico.[16] En dicho artículo, afirmaba que el número de embriones crioconservados en los laboratorios es tan grande que crea una vergüenza ética incluso en los que no reconocen a una persona en el embrión. Por ello, Sgreccia propone un compromiso político en la búsqueda de alternativas para la realización de inseminación artificial con el fin de evitar una mayor acumulación de embriones congelados producidos por el deseo de contar con "material" de experimentación y estudio, sin ningún respeto a la dignidad de esa vida.

Frente a este panorama, Elio Sgreccia afirma que aunque nos hemos acostumbrado a oír hablar de congelación de embriones, como si fuera la cosa más natural del mundo, es un requisito ético evitar esta adicción, reconociendo claramente que la idea de congelar un ser humano (aunque esté en las primeras etapas de su desarrollo) es un acto muy grave de violencia, abuso de poder y despotismo, ya que impide la continuación de su desarrollo natural, se orienta contra el bien del propio embrión, e inexorablemente a una suerte absurda, casi siempre a la muerte. Por ello, Sgreccia se opone claramente a la congelación de embriones, a su clonación y destrucción para la obtención de células madre, a toda la experimentación con embriones y a cualquier forma de manipulación del embrión que no se dirija a su propio bien.

En una entrevista concedida a *Le Monde* en otoño de 2006, Sgreccia indicó que la congelación es, por sí misma, una ofensa a la dignidad y que cualquiera que sea la solución que se adopte, será mala. Sgreccia urge a la prohibición mundial de la crioconservación, antes de reflexionar sobre el porvenir de los embriones actualmente congelados. Por lo que se refiere a la "adopción" como alternativa de la procreación artificial, Sgreccia afirma que el deseo de un hijo genéticamente propio de una pareja no tiene carácter de absoluto y que

---

[16]   E. Sgreccia (10 de abril de 2001). "Nei congelatori, embrioni o ovuli?", en *L'Osservatore Romano.*

no es posible dar satisfacción a todos los deseos del mundo. "No hay un derecho a 'tener un niño', en la medida en que un niño no es un objeto, sino un sujeto, un don".[17]

En abril de 2006, Sgreccia publicó un artículo en el que denunciaba el silencio del Tribunal Europeo de Derechos Humanos sobre el valor de la vida del recién concebido.[18] En su opinión, si se afirma que, en ausencia de un consenso europeo sobre la definición científica y jurídica del inicio de la vida, son legítimas las diferentes posturas de los diversos Estados, y dado que la legislación británica no reconoce al embrión como un sujeto autónomo de derecho, no puede ser invocada la garantía establecida en el artículo 2 del Convenio Europeo para la Protección de los Derechos Humanos y de las Libertades Fundamentales,[19] que indica claramente que el derecho a la vida está protegido por la ley. Por ello, denunciaba que un tribunal llamado específicamente para proteger los derechos humanos, no puede reconocerlos sólo en la medida en que sean reconocidos por la ley escrita.

En opinión de Sgreccia, no es el consenso lo que debe prevalecer para establecer los derechos humanos, sino la dignidad real del hombre mismo. De lo contrario no se puede escapar de la lógica de la positividad. Ha habido momentos en la historia en los que las leyes que permitían la esclavitud disfrutaron de un consenso universal, y no por esto tenían razón. La definición de hombre no puede dejarse en manos del legislador. El punto de partida de la Declaración Universal de los Derechos Humanos,[20] es la igualdad, consecuencia indiscutible del reconocimiento de la dignidad humana.

---

[17] E. Sgreccia (20 de septiembre de 2006). "La recherche sur les cellules souches embryonnaires", en *Le Monde*.

[18] E. Sgreccia (23 de abril de 2006). "Il silenzio della Corte Europea dei Diritti dell'uomo", en *L'Osservatore Romano*.

[19] Unión Europea (1950), Convenio Europeo para la Protección de los Derechos Humanos y de las Libertades Fundamentales, Roma, 4 de noviembre de 1950. Disponible en https://www.boe.es/buscar/doc.php?id=BOE-A-1979-2401 (consultado el 8 de julio de 2013).

[20] Organización de las Naciones Unidas (2008). Declaración Universal de los Derechos Humanos. Disponible en http://www.un.org/es/documents/udhr/ (consultado el 8 de julio de 2013).

5.5. Esterilización

Sgreccia indica claramente que la persona es una existencia unificadora de pluralidad y diversidad de facultades en las que cada unidad se refiere a la pluralidad y cada pluralidad necesita de la unificación, lo que implica una jerarquía de bienes personales orientada al todo. En este escenario, es lícito suprimir quirúrgicamente una parte cuando no queda otra solución, para salvaguardar la totalidad de la vida física, como ocurre en los casos de esterilización terapéutica, pero no es lícito cuando se efectúa de modo voluntario, como es el caso de la esterilización contraceptiva. La inmoralidad, en este caso es aún más grave que en el caso de la contracepción, porque "se realiza una mutilación o suspensión duradera de la facultad procreadora".[21]

5.6. Experimentación en el hombre

El 15 de junio de 2006, el Parlamento Europeo votó a favor del Programa Estructural en la investigación y la financiación de la Unión Europea sobre los embriones humanos y también sobre las células madre procedentes de embriones. El programa fue aprobado con 284 votos a favor, 249 en contra y 32 abstenciones.[22]

Con respecto al contenido de dicho programa, Elio Sgreccia publicó un artículo en *L'Osservatore Romano* y concedió una entrevista a Radio Vaticana,[23] señalando que mucha gente está preocupada por la explotación de la vida humana en el marco de la investigación

---

[21] E. Sgreccia (2009a). *Op. cit.*, p. 716.

[22] Hay que tener presente que la llamada investigación científica justificada en muchas casos como acciones para mejorar el bienestar humano, apoyándose en una ética utilitarista, suele estar dirigida por interés económico e intereses instrumentalizados que buscan exclusivamente su propio beneficio.

[23] E. Sgreccia (18 de junio de 2006). "Il dibattito sulla vita umana dopo il si dell'Europarlamento ai finanziamenti per la ricerca sulle cellule staminali embrionali", en *L'Osservatore Romano*. El contenido del artículo y de la entrevista a *Radio Vaticana* coincide.

y su uso como material experimental. En la entrevista indicaba que no hay ninguna razón científica para hacer una distinción moral entre el embrión al comienzo de su vida y después de la implantación en el útero a los 14 días de vida. La vida humana, afirmó, no depende, y no debe depender, de las decisiones de otros seres humanos.

Elio Sgreccia, reiteró una vez más, que la bioética debe permanecer lejos de las ideologías que van más allá de la ciencia y del bien común. A este respecto, indicó que el programa aprobado constituye una emergencia y, de hecho, en este tema de la defensa de la vida humana desde sus inicios no debe estar sujeto a concesiones ni juegos políticos. Este programa, en su opinión, no incrementa el sentido de la investigación humanística. Debemos hacer valer al hombre, desde el momento de la concepción y debemos movilizar el máximo consenso en esta dirección. Es una cuestión de libertad que vale más que las otras batallas por la independencia, ya que es la salvación del hombre como tal, cuando no se puede defender, cuando aún se encuentra en el vientre de la madre. Una vez más, volvió a apelar a la alta dignidad del ser humano, al valor sagrado e inviolable de toda vida humana desde su concepción hasta su muerte.

5.7. Eutanasia y dignidad de la muerte

Elio Sgreccia, expone que debemos pensar seriamente acerca de

> la posible aparición de un darwinismo social, que intenta facilitar la eliminación de los seres humanos oprimidos por sufrimiento y defectos para adormecer a toda la sociedad. No debemos centrar la atención en una mentalidad utilitarista con su ideología de la maximización del placer y minimizar el dolor, que carece de apoyos presupuestarios y de asignación de recursos precisamente porque son demasiado caros para la comunidad.

Nos encontramos en una sociedad en la que existe una gran contradicción entre dos elementos. Por un lado, la sociedad se afana en proclamar los derechos humanos y en la búsqueda de la definición de crímenes contra la humanidad. Por el otro, sin embargo, nos encontramos ante la incapacidad de definir quién es el hombre y, por lo tanto, qué medidas deben ser consideradas humanas o no humanas. Por ello, Sgreccia concluye que lo que parece que estamos perdiendo en nuestra cultura es el principio de humanidad. La solución a esta contradicción pasa por redescubrir la dignidad del hombre. Todo hombre tiene valor como persona, un valor que trasciende la realidad terrena, fuente y fin de la vida social. "Se trata de salvar al mismo tiempo el concepto de humanidad y el fundamento de la moralidad, respetando la vida y la dignidad de la persona humana".[24]

Con respecto a los pacientes en estado vegetativo, Sgreccia, junto con Ignacio Carrasco de Paula, han ofrecido una propuesta positiva. El concepto de calidad de vida, que a menudo es tomado como sostén con el pretexto de justificar la eutanasia y el eugenismo, ha sido reivindicado como positivo a condición precisamente de ser visto en la totalidad de la persona y en la jerarquía de los valores internos a la persona individual y vividos en la sociedad. Así, la calidad de la vida, sólo se puede fundar en el respeto de la vida y en el derecho a la vida, por ello, la calidad de vida de los pacientes en estado vegetativo debe ser una calidad basada en la inviolabilidad y en la santidad de su vida.[25]

La postura de Sgreccia en el caso del nacimiento infantil con graves malformaciones, puede analizarse en los comentarios que efectuó en el llamado "caso de Charlotte Wyatt", en el que el juez Hedley, del Tribunal Superior del Reino Unido, levantó el 21 de octubre de 2005, la orden dictada por él mismo un año antes por la que permitía a los médicos no prolongar artificialmente la vida a la pequeña Charlotte Wyatt si se agravaba su condición. Charlotte había

---

[24] E. Sgreccia (3 de septiembre de 2004). "Sette domande sull'eutanasia", en *L'Osservatore Romano*.

[25] E. Sgreccia e I. Carrasco de Paula (2006). *Op. cit.*, pp. 6-7.

nacido dos años atrás con graves daños cerebrales, pulmonares y renales. El juez tomó esa decisión a la luz de los desacuerdos entre los padres de la pequeña y su médico. Los padres, fervientes creyentes, exigían que la niña fuera sometida a respiración asistida y maniobras de resucitación, incluso contra la opinión de los médicos.

Frente a este caso, Sgreccia sostuvo que una primera consideración, es que no se puede dar por hecho la coincidencia entre las deliberaciones judiciales de los jueces de un tribunal, los deberes de la ética médica y los requisitos éticos relacionados con el tratamiento de un caso clínico.[26] Por ello, aquí tienen un papel primario los deberes deontológicos y la conciencia personal de los médicos llamados a establecer si el tratamiento es realmente proporcionado a los objetivos médicos prefijados. Una intervención médica ineficaz, o de beneficios desproporcionados respecto a los riesgos, es una intervención, moralmente reprobable.

Puesto que lo que está en juego es el soporte de la vida, Sgreccia afirmó que una intervención médica proporcionada es moralmente obligatoria tanto para el paciente como para los médicos, aunque deja al paciente la libre posibilidad de recurrir a ella o no, por lo que en el caso de la pequeña Charlotte, indicó que si los médicos han considerado que ya no deben proceder a su reanimación, valorando la intervención como médicamente desproporcionada, han actuado de forma moralmente correcta, pero si su juicio, se ha basado en valoraciones acerca del valor y de la dignidad de la vida de la niña, entonces han cometido un grave error ético.

Sgreccia opina que no se debe utilizar como criterio único sobre la actuación médica la voluntad de los padres. La vida de cada persona debe ser reconocida y sostenida en su valor objetivo, no

---

[26] El derecho tiene sus raíces en las estructuras profundas de la naturaleza y la existencia humana, en consecuencia debe fundamentarse y tener su unidad original en la moral, pero en las sociedades modernas el derecho se desliga de la moral al ser creado exclusivamente por el poder legislativo alcanzado un alto rango de formalidad y abandonando sus raíces éticas como muestran hasta la saciedad los Estados totalitarios del siglo xx.

dependiendo del reconocimiento de otros, ni siquiera cuando se trata de la actitud rica de amor y de afecto de dos padres ante su hija.[27]

Otro de los aspectos relacionados con la eutanasia a los que se ha referido Elio Sgreccia es el vinculado con las voluntades anticipadas y el testamento vital, que consisten en una declaración escrita y firmada por la persona mayor de edad y en su sano juicio, a fin de orientar a los profesionales de la medicina y de la salud acerca de los tratamientos, que tiene la intención de recibir o rechazar en caso de enfermedad grave o terminal, en previsión de una posible pérdida de la capacidad de discernimiento o de la conciencia. Podrá versar sobre la donación de órganos y/o uso del cuerpo con fines de investigación y formalidades funerarias.[28]

Nuestro autor opina que es preciso evaluar si las disposiciones sobre el testamento vital tienen por objeto dar asistencia respetuosa de la vida del paciente, proporcionando tratamientos o bien si se utilizan como un medio para reivindicar el derecho del paciente para buscar la eutanasia o el suicidio asistido verdadero.[29]

Con respecto a este tema, Sgreccia dice, refiriéndose a la *Declaración sobre la eutanasia*, publicada por la Congregación para la Doctrina de la Fe,[30] que no se puede imponer a nadie la obligación de recurrir a un tipo de tratamiento, pero al tomar tal decisión, deberá tenerse en cuenta el justo deseo de su familia junto con la opinión de los médicos competentes.

---

[27] E. Sgreccia (12 de octubre de 2004). "Brevi note sul caso della bambina inglese Charlotte Wyatt", en *L'Osservatore Romano*.

[28] Cuando se habla de "testamento vital", hay tres protagonistas destacados: el paciente, el representante del paciente y el personal sanitario. Lo determinante para su significado moral, no es tanto la libertad con la que cada uno de los protagonistas lleva a cabo su papel, sino los supuestos desde los que cada uno de ellos actúa, puesto que al paciente se le supone la capacidad para responder de lo que dejó indicado. El representante debe encargarse de que se cumpla lo anterior y el personal sanitario debe asumirlo y llevarlo a cabo adecuadamente.

[29] E. Sgreccia (26 de julio de 2005). "Le disposizioni anticipate di trattamento", en *L'Osservatore Romano*.

[30] Congregación para la Doctrina de la Fe (5 de mayo de 1980). "Declaración *Iura et Bona* sobre la Eutanasia", en AAS 72 (1980).

En su opinión,

> la ejecución de muerte social de los elementos seniles o de cada grupo de discapacitados mentales y de los miembros improductivos de la sociedad no es todavía moralmente aceptable por la sociedad y ciertamente no lo es por los miembros de las profesiones sanitarias, sea como fuere la lentitud que emplean en adaptar sus propios tratamientos médicos a las situaciones nuevas.[31]

Sobre el tipo de información a brindar al paciente incurable, Sgreccia expone que "habitualmente, en la literatura deontológica dirigida a los médicos, se habla de la información clínica y esto se concentra sobre todo en la pregunta: ¿cuánta verdad se debe ofrecer al paciente sobre el diagnóstico de la enfermedad y sobre el pronóstico de curación o de muerte?".[32] Este tipo de información tiene una relevancia especial y presenta problemas y dudas para el personal asistencial.

En la sociedad actual existe la tendencia a negar el sentido de la muerte y su trascendencia, por ello Sgreccia denuncia que nos esforzamos para vivir bien y largamente y, sin embargo, luego tiramos la vida despreciándola con la mayor facilidad, en los casos de aborto, delincuencia, drogas o la eutanasia.[33]

Las visiones sobre la muerte pueden variar. En una sociedad en la que la vida, tanto individual como colectiva se vincula con una opción de fe, y en que la vida social se caracteriza por una correcta antropología filosófica, la dignidad de toda vida humana es respetada al máximo y en ella la muerte asume su precisa dignidad. Muerte y vida se consideran igualmente sagradas y comprensibles sólo a nivel de una visión superior.

Sin embargo, cuando las opciones se vuelven diluidas y confusas y no se tienen en cuenta los paradigmas antropológicos

---

[31] E. Sgreccia (2008b). "Información para el enfermo incurable", en *Vida y Ética*, 9(2), p. 112.

[32] *Ibidem*, p. 104.

[33] *Ibidem*, p. 106.

fundamentales, vida y muerte dejan de ser sagrados o centrales respecto de las instancias prioritarias de nuestro tiempo, como el dinero, el bienestar, la libertad, la autonomía personal, etc. Esto introduce un elemento que privilegia ciertos segmentos de la vida, como la juventud, o ciertas vidas consideradas más dignas que otras, como la del normal respecto del discapacitado.[34]

El enfermo incurable lleva en sí el valor de la vida que alcanza el momento de mayor valor pero también de mayor riesgo de desestructuración psicológica. Las personas cercanas al enfermo deberán ser ejemplo de solidaridad entendida en sentido positivo y de compromiso ético maduro.[35]

Si el respeto a la vida está basado en la verdad y no en la utilidad, se descubre y se discierne en esta circunstancia. Si la medicina sirve para atender al paciente, en el momento en que es "más paciente", puede resultar clarificado en este momento crucial. Para quien tiene fe, existe una fuerza infinitamente superior a cualquier sentido de solidaridad meramente humana. Quien no la tiene, pero "ama al hombre por aquello que es, y no simplemente por aquello que le es provechoso, implícitamente afirma la trascendencia y postula al Trascendente".[36]

5.8. Tecnología y biotecnología

Sgreccia indica que no han surgido problemas éticos a lo largo de la historia con los diferentes inventos y usos de la naturaleza de los que ha hecho uso el hombre, tales como la rueda, el arado, la ganadería… El problema surge cuando "el potencial puesto en manos del hombre es capaz de destruir al hombre mismo y a la humanidad entera". Se

---

[34] *Ibidem*, p. 107.

[35] *idem.* p. 115.

[36] *idem.* p. 115.

ha abierto una época en la que el hombre no sólo es capaz de mejorar su cuerpo, sino también de potenciar su cerebro.[37]

Por ello, la pregunta ética que Sgreccia indica que deberíamos hacernos es ¿qué se debe o no se debe hacer para que el hombre sobreviva y siga siendo hombre? La respuesta exige que la tecnología se refiera a una antropología global, para la realización de un proyecto de hombre que integre el desarrollo tecnológico sin deshumanizarlo ni absolutizarlo.[38]

En una entrevista concedida a la agencia Zenit, Sgreccia indicó que la tecnología es un medio y como tal hay que saberlo utilizar.

> La tecnología nace de la exploración del cuerpo humano y del universo. A través de los ordenadores y la electrónica, no hacemos otra cosa que potenciar nuestras neuronas. Si éste es el origen antropológico creativo de la tecnología, la ética que deriva de ella es la de hacer de modo que esté al servicio de la vida humana, de la integridad y de la salud del hombre, de la conservación equilibrada de las fuerzas y de las entidades del mundo; desde el aire al agua, desde los animales a los vegetales, corresponde a nosotros regular los grifos, tenemos los instrumentos para hacerlo, nos falta la responsabilidad, y quizá la armonía necesaria para hacerlo.[39]

En una entrevista al diario *The Observer*,[40] Sgreccia dijo que nos alientan cada vez más las ventajas de la ingeniería genética aplicada a las plantas y a los animales, en las que los beneficios son mayores que los riesgos. En su opinión, los riesgos deben tener un seguimiento cuidadoso a través de la apertura, análisis y controles, pero no nos deben provocar sentimientos de alarma.

En referencia a los productos modificados genéticamente como el maíz y la soja, Sgreccia añadió: "Nos damos un prudente 's'".

---

[37] E. Sgreccia (2009a), pp. 917-918.

[38] *Ibidem*, p. 922.

[39] E. Sgreccia (13 de noviembre de 2000). "Ética y biotecnología: Una respuesta cristiana", en Zenit.org.

[40] E. Sgreccia (28 de noviembre de 1999). "Vatican theologians say 'prudent yes' to GM foods", en *The Observer*.

No podemos estar de acuerdo con la posición de algunos grupos que dicen que está en contra de la voluntad de Dios para entrometerse con la composición genética de las plantas y los animales". Sin embargo, advirtió que los consumidores deben ser informados sobre los productos modificados genéticamente mediante un etiquetado adecuado. Agregó que los posibles riesgos ambientales de las plantas modificadas genéticamente deben "ser estudiados y monitoreados en una base de caso por caso con cuidado".

La persona humana en su dignidad y en su unidad es cuestionada por el progreso de las ciencias biomédicas y por las presiones económicas a nivel mundial con un fuerte condicionamiento sobre la autonomía y la responsabilidad de la familia misma en la capacidad y posibilidad de acoger y educar a los hijos.

Sgreccia nos indica que también debemos tener en cuenta estas dimensiones culturales, representadas por la bioética, por la sociología, por la economía y por la concepción de la relación entre el hombre y el ambiente para preservar la naturaleza y dignidad humanas.[41]

---

[41] E. Sgreccia (2008c). *Bioética personalista: el amor matrimonial plenamente humano: exclusivo, fiel y fecundo*. Comunicación presentada en las X Jornadas de Bioética, Buenos Aires: Nuevo Schoenstatt.

6. Resultados

1. La bioética con su visión integradora desde el *bios*, y con la ética puede concebir al ser humano y la persona como únicos en su unicidad e identidad, sin miradas reduccionistas, sino holísticas.

2. Los autores de referencia de Elio Sgreccia han sido, principalmente, Tomás de Aquino, Emmanuel Mounier, Jacques Maritain y Karol Wojtyla. Sgreccia se apoya en el tomismo, en el concepto de dignidad de Kant, revisado e integrado en el tomismo, en el neotomismo de Maritain, y en los personalistas, a través de Wojtyla.

3. Podemos decir que Wojtyla propuso el "principio personalista" a partir de una de las formulaciones del imperativo categórico de Kant, que nos recuerda que la persona nunca debe ser utilizada como un medio, sino siempre como un fin en sí mismo. De igual modo, que las aportaciones de Wojtyla son causas y precedentes necesarios para el desarrollo del modelo personalista de Elio Sgreccia.

4. El concepto dignidad humana se construyó sobre la base de la ley natural. La persona humana es creada a imagen y semejanza de Dios. Esto nos proporcionó los primeros

elementos para poder comprender con más precisión la esencia de la persona humana. Esta noción de dignidad humana se basa en la filosofía de santo Tomás de Aquino, coherente con una posición antropo-teo-céntrica, la dignidad humana con base en la concepción del hombre como criatura divina.

5. Que todos los seres humanos sean personas, supone aceptar que podemos identificar al ser personal basándonos en ciertas características propias de la especie, aceptando al mismo tiempo que dichas características no necesitan estar actualmente presentes y en ejercicio en cada uno de los individuos para incluirlo en dicha especie. Basta, entonces, que un individuo pertenezca a la especie humana para que sea persona.

6. La vida no se puede considerar como algo abstracto, la vida es corpórea, física, para el hombre no representa algo extrínseco a la persona, es la persona misma, es el sí mismo.

7. Sgreccia define la esencia de la persona humana como corporeidad y espiritualidad unidas, es decir, el ser humano es espíritu encarnado y cuerpo espiritualizado. El cuerpo pertenece a la persona y le sirve de expresión. Así se afirma en la filosofía personalista "el cuerpo es expresión de la persona". El cuerpo adquiere, entonces, una dignidad indiscutible.

8. La concepción de la persona como un *continuum* en Sgreccia, toma fuerza. La persona es la misma desde el momento en que comienza a existir hasta el momento de su muerte: es la misma que ha pasado por el estado embrionario, fetal, bebé; es la misma en su juventud, cuando ha

enfermado de Alzheimer o tiene esquizofrenia y ha perdido el sentido de la realidad.

9. La libertad es autodeterminación y tanto el pensamien-
    to como la libertad representan la más alta expresión y
    la cima de la dignidad del hombre. Si no hay derecho a la
    vida, no hay derecho a la libertad.

10. Sgreccia elabora una bioética racional desde un con-
    texto cristiano algo que, por evidente, es perfectamente
    legítimo.

11. El análisis filosófico de los conceptos de persona y digni-
    dad que nos ofrece la perspectiva personalista nos per-
    mite identificar la falacia contenida en la distinción entre
    seres humanos y personas, afirmando que todo ser huma-
    no es persona, igualmente, todo ser humano posee una
    dignidad que debe ser respetada incondicionalmente en
    cada uno de los actos libres propios de todas las personas
    pensantes que son los seres humanos.

12. La bioética es objeto, por su campo aplicado a la persona,
    al ser humano y su dignidad; con Elio Sgreccia, quien ha
    llevado desde la ética aplicada, la bioética, la noción de la
    persona, en su visión personalista, heredada de Tomás de
    Aquino.

13. La visión ontológica-personalista es la tendencia predomi-
    nante en la Iglesia católica actual. Elio Sgreccia lleva esta
    visión a la experiencia aplicada, fundando la comprensión
    de la persona en razón de su substancia y no de su funcio-
    nalidad. Es decir, a partir de lo que es y no de su capacidad
    de sentir, de su hacer o de que haya sido aceptado o no.

14. Sgreccia considera a la persona, al ser humano, en su dignidad universal, como valor supremo y como fundamento ético, procurando además enunciar las categorías esenciales de la persona, esto es, su naturaleza única, integral, relacional y social. La persona y su dignidad intrínseca es el fundamento ontológico que la sustenta, así como la consideración del valor de la vida humana como bien primario y fundamental. La persona se toma como centro de todas las consideraciones bioéticas, valor supremo, punto de referencia, fin y no medio.

15. La dignidad fundamentada en la persona exige el máximo respeto y una efectiva tutela, en el terreno de la bioética, desde el momento de la fecundación hasta el de la muerte natural.

16. Sólo una fundamentación ontológica de la persona puede responder efectivamente a una "cultura de la vida" en contra de una "cultura de la muerte", pues es la única que no reduce la persona a sus actos específicos, sino que acepta la existencia de la persona, cuando sus actos no reflejan todas sus capacidades.

17. Sgreccia es el primer autor que elabora el estatuto ontológico del embrión humano. Es el primero en aplicar los conceptos de acto y potencia al embrión.

18. Sgreccia critica duramente al funcionalismo y su visión del origen de la vida y de la muerte en los supuestos en los que el hombre no tenga actividad funcional. El hombre sigue siendo persona incluso en esas circunstancias.

19. No hay ninguna razón científica para hacer una distinción moral entre el embrión al comienzo de su vida y después de la implantación en el útero o después de los 14 días de vida. La vida humana no depende, y no debe depender, de las decisiones de otros seres humanos.

20. En la bioética y en la práctica médica contemporáneas resulta particularmente importante tener presente la "norma personalista de la acción", que nos recuerda que toda persona humana ha de ser respetada por sí misma y por su dignidad, en todas las etapas y condiciones de su vida. Éste es el núcleo del razonamiento moral según la bioética personalista, desarrollada por Elio Sgreccia.

21. Sgreccia afirma que la clonación es inmoral. El valor de un hombre no es similar al de una rata, subraya, destacando que la dignidad de los humanos va más allá del tiempo.

22. Utilizar embriones o fetos humanos como objeto o instrumento de experimentación constituye un atentado contra su dignidad como seres humanos, que tienen derecho al mismo respeto que el debido al niño ya nacido y a toda persona humana.

23. Sgreccia afirma que la filosofía utilitarista permite que la identidad del embrión humano se ponga en duda no sólo en la fase preimplantatoria sino también en las fases sucesivas al decimoquinto día para un conjunto de motivaciones pseudocientíficas.

24 El rechazo de la eutanasia y del ensañamiento terapéutico tiene su fundamento en la dignidad de la persona y en el valor sagrado de la vida. El respeto de la inviolabilidad de

la vida y de la persona y la solidaridad humana y cristiana, sostienen, y garantizan conjuntamente, la dignidad de la vida y la dignidad de la muerte.

Conclusiones

1. Sgreccia sostiene que, para revelar el valor objetivo de la persona, su dignidad inalienable, es necesario conocer y desarrollar su estructura ontológica y, para ello, la primera cuestión que hay que resolver es la de la esencia del ser humano que va ligada a la cuestión de su carácter espiritual. De ese modo, Sgreccia define la esencia de la persona humana como corporeidad y espiritualidad unidas, es decir, el ser humano es espíritu encarnado y cuerpo espiritualizado. Además de las actividades físicas o biológicas, el ser humano es capaz de crear ideas universales, reflexionar, elegir libremente, amar..., es decir, es autor de actividades inmateriales cuyo principio o fuente es también inmaterial y espiritual: el alma humana. De ahí surge también la capacidad dialógica del ser humano, su ser en el mundo con los otros y sus relaciones interpersonales, incluyendo la relación con el "Tú" trascendente.

2. La bioética personalista, en sentido estricto, considera a la persona, al ser humano, en su dignidad universal, como valor supremo y como fundamento ético, procurando además enunciar las categorías esenciales de la persona, esto es, su naturaleza única, integral, relacional y social. De esta temática nos hemos ocupado con profusión a lo largo del presente trabajo.

3. La persona y su dignidad intrínseca, como fundamento ontológico que la sustenta, merece la consideración de bien primario y fundamental. En efecto, la persona se toma como centro de todas las consideraciones bioéticas, valor supremo, punto de referencia, fin y no medio. La inherente a la persona exige el máximo respeto y una efectiva tutela, en el terreno de la bioética, desde el momento de la concepción hasta el de la muerte natural. Así, hemos podido advertir que el concepto central, es decir, el concepto de persona y su dignidad, se fundamenta en conceptos filosóficos de carácter holístico que, a su vez, se retroalimentan desde concepciones teológicas, sociológicas y psicosociales.

4. La obra de Elio Sgreccia, en virtud de su método triangular, proporciona una sólida teoría bioética desde la que es posible contrarrestar el influjo del funcionalismo y del relativismo utilitarista.

5. La fundamentada defensa de la vida humana en la obra de Elio Sgreccia, por su gran capacidad de argumentación antropológica y su personalismo ontológico, permite dar una respuesta razonada a una serie de problemas éticos que los avances de la ciencia suscitan. Entre ellos:

    a) *Diagnóstico genético preimplantacional.* Con el diagnóstico genético preimplantacional se seleccionan embriones en función de su salud. Se desechan los que tienen defectos físicos, por lo que esta técnica es claramente eugenésica.

    b) *Embriones híbridos humano-animal.* Aunque en algunos casos la finalidad de los embriones producidos puede ser éticamente correcta, en la mayoría de los casos, ya que se producen para ser utilizados como donantes de ovocitos y evitar así utilizar ovocitos humanos, el método seguido para conseguir este objetivo es éticamente inaceptable.

c) *Aborto*. El derecho a la vida es el derecho fundamental de la persona humana. No se puede eliminar una vida humana ni aun para preservar, cosa hipotética, la salud de la madre y mucho menos para impedir que nazcan seres humanos discapacitados.

d) *Congelación de embriones*. Congelar un ser humano es un hecho de grave violencia y abuso de poder contra el embrión congelado. Es una acción definitivamente injusta contra ese ser humano vivo, por lo que la actitud fundamental para prevenirla es no congelar embriones humanos sobrantes de la fecundación *in vitro*, lo que se puede conseguir fecundando solamente los óvulos que se van a implantar.

e) *Esterilización*. Aunque es lícito suprimir quirúrgicamente una parte del cuerpo humano para salvaguardar la vida global, ello no es lícito cuando se realiza de modo voluntario con la finalidad de suprimir la capacidad procreadora.

f) *Experimentación en el hombre*. Utilizar seres humanos para experiencias biomédicas es éticamente inaceptable. La vida humana no puede depender de las decisiones de otros seres humanos, aunque los fines de tales decisiones sean aparentemente correctos.

g) *Eutanasia y dignidad de la muerte*. La vida es un don de Dios que no nos pertenece. Somos administradores, no dueños de ella. Por lo que no podemos disponer de la misma por razones materiales. La eutanasia y el suicidio asistido son moralmente inaceptables.

h) *Tecnología y biotecnología.* Estas técnicas pueden ser en sí mismas éticamente aceptables siempre y cuando se engloben en una consideración antropológica del ser humano dirigida a proyectos que respeten su naturaleza.

6. Desde el momento de la fecundación hasta la muerte natural, en cualquier situación de sufrimiento o de salud, el ser persona determina la distinción entre lo lícito y lo ilícito. La solución de los problemas éticos de la medicina deberá fundamentarse en la dignidad de la persona humana. En el momento presente, han irrumpido con fuerza la secularización y la moral autónoma puesta de manifiesto en la legitimación de la toma de decisiones sobre la vida propia y ajena. La obra de Elio Sgreccia contribuye a discernir las ambigüedades del pensamiento postmetafísico contemporáneo y, a la vez, propicia una alternativa fundada en un núcleo intangible: la dignidad intrínseca de la persona humana.

Referencias

Bibliografía de Elio Sgreccia

Véase capítulo 4

Bibliografía general

Allen Jr., J. (2004). All the Pope's Men: The Inside Story of How the Vatican Really Thinks. Nueva York: Doubleday Religious.

Araya, E.A. (1990). "El personalismo cristiano de Emmanuel Mounier, un capítulo de filosofía contemporánea", en *Revista de Filosofía* de la Universidad de Costa Rica, 28(67-68), p. 139.

Aristóteles (1934). *La política*. Madrid, España: Ediciones Nuestra Raza.

Aristóteles (1988). *Acerca del alma*. Madrid: Biblioteca Clásica Gredos.

Beauchamp, T. y Childress, J. (2001). *Principles of Biomedical Ethics*. Nueva York: Oxford University Press.

Beauchamp, T. (2003). "Methods and principles in biomedical ethics", en *Journal Medical Ethics* (29), pp. 269-274.

Bello, G. (2008). "La protección de la vida humana y el significado de la dignidad", en *Revista Filosófica Azafea* (10), pp. 105-122.

Bentham, J. (1789), *Introducción a los principios de la moral y la legislación*, cap. I, sec. I.

BOCHATEY, A.G. (2008). *Bioética y Persona. Escuela de Elio Sgreccia*. Buenos Aires: Educa.

BOECIO, A. (s/f). *Contra Eutychen et Nestorium*, cap. 3(74).

BURGOS, J.M. (2007). "Karol Wojtyła", en Fernández Labastida, F. y Mercado, J. A. (eds.), Philosophica: Enciclopedia filosófica *on line*, disponible en http://www.philosophica.info/archivo/2007/voces/wojtyla/Wojtyla.html

BURGOS, J.M. (2013). "¿Qué es la bioética personalista? Un análisis de su especificidad y de sus fundamentos teóricos", en *Cuadernos de Bioética*, XXIV (80), p. 23.

CAPONNETTO, M. (2012). "A propósito de: bioética y persona. Escuela de Elio Sgreccia. Homenaje a SER Mons. Elio Sgreccia en sus 80 años de vida", en *Revista In Itinere*, 2-2(1), pp. 99-102.

CATECISMO DE LA IGLESIA CATÓLICA (1992). Madrid: Asociación de Editores del Catecismo.

CHALMETA, G. (2003). *Introduzione al personalismo etico (Prospettive filosofiche)*. Roma: Edusc.

CICERÓN, M.T. (1989). *Sobre los deberes*. Madrid: Alianza.

COPLESTON, F. (1991). *Historia de la Filosofía*. Tomo I. Barcelona: Ariel.

COUNCIL OF EUROPE, PARLIAMENTARY ASSEMBLY (2008). Access to safe and legal abortion in Europe. Resolution 1607.

CRUZ, A. (1991). *Historia de la filosofía contemporánea*. 2ª ed. Madrid: EUNSA.

CRUZ-VÉLEZ, D. (1986). *El hombre y la cultura*, "De Hegel a Marcuse", Bogotá: USTA.

DE AQUINO, T. (1985). *Summa Theologica*. Madrid: Espasa-Calpe.

DE AQUINO, T. (1998). *Summa contra gentiles*. Madrid: Alianza Editorial.

DE AQUINO, T. (2008). *Comentario a los Libros de las Sentencias*. Pamplona: EUNSA.

DE AQUINO, T. (2002). "Cuestiones disputadas sobre la Potencia de Dios", en *Cuadernos de anuario filosófico*, núm. 124, pp. 1-122.

DE AQUINO, T. (1983). *In Decem libros ethicorum. Aristoteles ad Nicocacum expositio*. Turín: Marietti, libro V, lección IX, núm. 981.

DE VITORIA, F. (2007). De iustitia, en *Ley y Dominio en Francisco de Vitoria*. Pamplona: EUNSA.

DESCARTES, R. (2005). *Discurso del método y Meditaciones metafísicas*. Madrid: Tecnos.

DONADÍO, M.C. (2004). "Necesidad de una bioética personalista", en *Revista Vida y Ética*, Buenos Aires, año 5 (2).

ENGELHARDT, H.T. (1995). *Los fundamentos de la bioética*. Barcelona: Paidós.

FERNÁNDEZ, S. (n.d.). Jacques Maritain, filósofo de la persona. [*Online*]. Jacques Maritain. Instituto Argentino, disponible en http://www.maritainargentina.org.ar/jacques/filosofopersona.html

FORMENT, E. (1983). *Ser y persona*. 20ª ed., Barcelona: Publicaciones Universidad, pp. 61-69.

FUNG, T. (2003). La bioética: ¿un nuevo tipo de saber? Disponible en http://www.nodo50.org/cubasigloXXI/pensamiento/fung5_310703.pdf (consultado en marzo de 2014).

GAFO, J. (1997). *10 palabras clave en bioética*. Estela: Verbo Divino.

GILSON, É. (1965). *La filosofía en la Edad Media*. Madrid: Gredos.

HAMEL, R. (2010). "Pensando éticamente sobre la anticoncepción de emergencia, los juicios críticos requieren de información adecuada y precisa", en *Health Progress*, enero-febrero de 2010.

HOTTOIS, G. (2009a). "Dignidad humana y bioética. Un enfoque filosófico crítico", en *Revista Colombiana de Bioética* 4(2), pp. 53-83.

HOTTOIS, G. (2009b). *Dignité et diversité des hommes*. París: Vrin.

Jahr, F. (1927). "Bio-Ethik. Eine Umschau über die ethischen Beziehungen des Menschen zu Tier und Pflanze", en *Kosmos, Handweiser für Naturfreunde*, 24(1), pp. 2-4.

Jahr, F. (1928). "Tierschutz und Ethik in ihren Beziehungen zueinander. Ethik. Sexual-und Gesellschaftsethik. Organ des", en *Ethikbundes* (6/7), pp. 100-102.

Juan Pablo II (1996). La dimensión ética de la investigación en el ámbito de la bioética, ligada al respeto a la dignidad de la vida humana. Discurso de bienvenida a los participantes en un Congreso Internacional de Bioética, promovido por el Instituto de Bioética de la Universidad Católica del Sacro Cuore, 17 de febrero de 1996.

Juan Pablo II (2002). Naturaleza y dignidad de la persona humana como fundamento del derecho a la vida. Los desafíos del contexto cultural contemporáneo. Discurso a la asamblea general de la Academia Pontificia para la vida, 27 de febrero de 2002.

Habermas, J. (2010). "El concepto de dignidad humana y la utopía realista de los derechos humanos", en *Diánoia*, LV(64), pp. 3-25.

Kant, I. (1994). *Filosofía de la historia*. Bogotá: Fondo de Cultura Económica.

Kant, I. (1996). *Fundamentación a la Metafísica de las Costumbres*. Madrid, Espasa-Calpe.

Klinkert, G. (1999). "Interpretación de la antropología integral en Max Scheler", en *Cuestiones Teológicas y filosóficas*. Medellín, I(65), p. 170.

León, F.J. (1992). "Dignidad humana, libertad y bioética", en *Cuadernos de Bioética* (12), pp. 5-22.

Lobato, A. (n.d.). "La Persona en santo Tomás de Aquino", en *Fe y Razón*. Disponible en http://www.feyrazon.org/Lobatopersona.htm

Lolas, F. (2008). "Bioethics and animal research. A personal perspective and a note on the contribution of Fritz Jahr", en *Biological Research* (41), pp. 119-123.

Lukac de Stier, M.L. (2005). "El humanismo personalista en bioética", en *L'umanesimo cristiano nel III Millennio: La prospettiva di Tommaso d'Aquino*. Atti del Congresso Internazionale della Pontificia Academia Sancti Thomae Aquinatis e Società Internazionale Tommaso d'Aquino, vol. II., Vaticano, p. 762.

MacIntyre, A. (1992). *Tres versiones rivales de la ética. Enciclopedia, genealogía y tradición*. Madrid: RIALP.

Maritain, J. (1947). *Los grados del saber*. Argentina: DDB.

Maritain, J. (1965). *La educación en este momento crucial*. Buenos Aires: Desclée de Brouwer.

Michel, J.J. y Lima, N.S. (2009). "Fritz Jahr y el Zeitgeist de la bioética", en *Aesthetika*, 5(1), pp. 4-11.

Migne, J. Patrologiae. *Cursus completus*. París: Vrayet de Surcy, 1847, tomo LXIV, col. 1338-1354.

Moreno, M. (2012). *Filosofía*. Vol. III: Ética, Política e Historia de la filosofía (I). Sevilla: MAD-Eduforma.

Mounier, E. (1972). *El personalismo*. Buenos Aires: Eudeba.

Mounier, E. (1996). *Manifiesto al servicio del personalismo*. Madrid: Taurus.

Nexos (2006). Ética y bioética. Disponible en http://www.nexos.com.mx/?p=11962 (Consultado en marzo de 2014).

Organización de las Naciones Unidas (2008). Declaración Universal de los Derechos Humanos. Disponible en http://www.un.org/es/documents/udhr/ (consultado el 8 de julio de 2013).

Palazzani, L. (2004). "Cuerpo y sujeto en bioética", en *Cuadernos de Bioética* (1), p. 18.

Platón, (2011), *Fedón*. Traducido por J.B. Bergua. Cantabria: Ediciones Ibérica.

Platón, (2010). *República* Traducido por J.B.Bergua. Cantabria: Ediciones Ibérica.

Potter, V.R. (1971). *Bioethics. Bridge to the future*. Englewood Cliffs: Prentice Hall.

Real Academia Española (1992). *Diccionario de la lengua española* (21ª ed.). Madrid: Espasa-Calpe.

Rivero, W. y Paulina, T. (2007). "Ética y bioética", en *La construcción de la bioética*, México: FCE.

Rodríguez, A. (2002). "La persona humana, algunas consideraciones", *Revista Ars Medica*, Facultad de Medicina, Universidad Católica de Chile, 4(6), pp. 121-140.

Rodríguez, A. y Benedicto, C. (2002). "Notas sobre la evolución del concepto de dignidad", *Ars medica*, 6(6), pp. 11-12.

Rodríguez-Luño, A. (2008). *Scelti in Cristo per essere santi. III. Morale speciale*, Roma: Edizioni Università della Santa Croce.

Santos, M. (1998). "La bioética y el Catecismo de la Iglesia católica", en *Cuadernos de Bioética*, 33(11), pp. 135-151.

Sass, H.M. (2007). Fritz Jahr's bioethischer Imperativ. 80 Jahre Bioethick in Deutschland von 1927 bis 2007. Bochum: Zentrum für medizinische Ethik, Medizinethische Materialien Heft.

Sass, H.M. (2008). "Fritz Jahr's 1927 Concept of Bioethics", en Kennedy Institute of Ethics Journal, 17(4), pp. 279-295.

Scheler, M. (1966). *Der Formalismus in der Ethik und die Materiale Wertethik*. Aufl. Gesammelte Werke, Bd. 2, Bern-München.

Schockenhoff, E. (1997). *Etica della vita. Un compendio teológico*, Queriniana: Brescia.

Singer, P. (1979). *Ética práctica*. Barcelona: Ariel.

Spaemann, R. (1988). "Sobre el concepto de dignidad humana", en *Persona y Derecho*, 19, pp. 13-33.

Strawson, P.F. (1989). Individuos. *Ensayo de Metafísica descriptiva*. Madrid: Taurus.

Taboada, P. (2008). "El respeto por la persona y su dignidad como fundamento de la bioética". *Vida y Ética*, año 9(2). Disponible en http://bibliotecadigital.uca.edu.ar/repositorio/revistas/respeto-persona-dignidad-fundamentobioetica.pdf

Torralba, F. (2005). *¿Qué es la dignidad humana? Ensayo sobre Peter Singer, Hugo Tristram Engelhardt y John Harris*. Barcelona: Herder.

Unión Europea (1950). Convenio Europeo para la Protección de los Derechos Humanos y de las Libertades Fundamentales, Roma, 4 de noviembre de 1950.

Vallejo, J.D. (2013). "La ley natural en santo Tomás de Aquino: Una lectura para la comprensión y el análisis de los principios en bioética", en *Kénosis*, 1(1), p. 123.

Villegas, B. (1991). Conferencias sobre la "dignidad del hombre". Santiago de Chile: Centro de Estudios Públicos (44), pp. 15-16.

Villegas, B. (2002). Conferencia sobre la "dignidad del hombre", Centro de Estudios Públicos de Chile, 30 de abril de 2002.

Warnock, M. (1985). *A Question of Life. The Warnock Report on Human Fertilisation and Embryology*. Oxford: Blackwell.

Washburn, J. (2008). "¿Es la bioética una nueva ética médica?", en *Revista filosófica* (10), Ediciones Universidad de Salamanca: Azafea, pp. 33-49.

Wojtyla, K. (1969). *Amor y responsabilidad*. Madrid: Razón y fe.

Wojtyla, K. (1982). *Max Scheler y la ética cristiana*. Madrid: BAC.

Wojtyla, K. (1998). *El hombre y su destino, Ensayos de antropología*. Madrid: Palabra.

Wojtyla, K. (1997). *Mi visión del hombre. Hacia una nueva ética*. 2ª ed., Madrid: Palabra.

Wojtyla, K. (1982). *Persona y acción*. 12ª ed. Madrid: BAC.

Wojtyla, K. (2005). *Mi visión del hombre*. 5ª ed. Madrid: Palabra.

Zanotti, G. (2002). El humanismo del futuro. Ensayo filosófico-político. Disponible en http://www.hacer.org/pdf/Zanotti05.pdf (consultado en abril de 2014).

Zanuttini, P. (2006). "Sulla procreazione, con questo governo non c'è terreno fertile", en *Il Venerdi di Repubblica*, p. 49.

Documentos eclesiales

Congregación para la Doctrina de la Fe (18 de noviembre de 1974). Declaración sobre el aborto provocado. AAS 66 (1974).

Congregación para la Doctrina de la Fe (5 de mayo de 1980). Declaración *Iura et Bona* sobre la Eutanasia. AAS 72 (1980).

Congregación para la Doctrina de la fe (22 de febrero de 1987). Instrucción *Donum vitae* sobre el respeto de la vida humana naciente y la dignidad de la procreación. AAS 80 (1988).

Congregación para la Doctrina de la fe (20 de junio de 2008), Instrucción *Dignitas personae* sobre algunas cuestiones de bioética, AAS 100 (2008).

Juan Pablo II (30 de noviembre de 1980). Carta Encíclica *Dives in misericordia* sobre la misericordia divina, AAS 72 (1980).

Juan Pablo II (2 de diciembre de 1984). Exhortación Apostólica post-sinodal *Reconnciliatio et Paenitentia* sobre la reconciliación y la penitencia en la misión de la iglesia hoy. AAS 77 (1985).

Juan Pablo II (11 de febrero de 1984), carta apostólica *Vitae mysterium* en forma de Motu proprio, con la que instituye la Academia Pontificia para la vida, AAS 86.

Juan Pablo II (25 de marzo de 1995). Carta Encíclica *Evangelium vitae* sobre el valor y el carácter inviolable de la vida humana. AAS 87.

Anexo

Entrevista concedida por Elio Sgreccia a Marcelino Pérez Bermejo

M. Pérez: El profesor MacIntyre dice que todos venimos de la tradición que nos une y nos da nuestra identidad actual. ¿En qué tradición se siente más involucrado? ¿Cuáles son las principales fuentes que fundamentan su pensamiento?

E. Sgreccia: Siento que pertenezco a la tradición filosófica aristotélico-tomista, dentro de la cultura cristiano-católica. Esa tradición la asimilé en el periodo de estudios teológicos y la profundicé durante la licenciatura en la Facultad de Letras (con orientación a Estudios Clásicos) a la que asistí en Bolonia, donde estudié para los exámenes de filosofía el problematicismo de U. Spirito y G. Calogero, presentado por jóvenes seguidores, pero tuve modo de abordar, en mi estudio individual, el personalismo que al mismo tiempo se transmitía a Italia desde Francia, en relación, por supuesto, con el desarrollo del Concilio Ecuménico Vaticano II. Y a pesar de conocer la filosofía del "diálogo" (Calogero) y la del amor de U. Spirito, reforcé mi adhesión a la corriente del neotomismo, entonces personificada por J. Maritain, E. Mounier, E. Gilson, S. Vanni Rovighi, G. Bontadini, I. Mancini (mi compatriota y amigo, que siempre me mostró casi todo lo que había escrito), A. Sertillanges (estudios de filosofía cristiana).

En la época boloñesa, conocí el pensamiento de G. Dossetti y la actividad del cardenal Lercaro dentro del Concilio. Pude conocer, como todo estudiante de filosofía, a N. Abbagnano y L. Paryson, pero mi anclaje y profundización han sido en el personalismo. En particular, dediqué mucho tiempo a leer todo lo que encontré traducido de J. Maritain, gracias también al contacto con V. Possenti, quien a su vez frecuentaba a la familia de Jacques y Raissa Maritain, y tradujo numerosas obras al italiano; también traté de aclarar algunos puntos de Maritain (el concepto de individuo) a la luz del pensamiento (en mi opinión, más fiel a santo Tomás) de S. Vanni Rovighi, de quien también he estudiado en varias ocasiones los escritos que me han parecido interesantes, así como aquellos sobre el joven Tomás de Aquino, además de los tres volúmenes que resumen su enseñanza en la Universidad Católica de Milán.

Se me pidió un espacio de tiempo en la época boloñesa para una confrontación entre la doctrina de san Agustín y la de Tomás sobre los temas del pecado y la gracia, porque hice mi tesis de licenciatura (posteriormente publicada en parte en la revista *Studia Picena*) sobre el cardenal Domenico Passionei (1682-1761), notable y culto eclesiástico, y amante de la más variada cultura, acérrimo opositor de los jesuitas, a la vez simpatizante de la Ilustración y amigo de los jansenistas, y sospechoso de jansenismo, en sentido teológico. Asumí la tarea a la luz de algunos escritos y cartas incluso inéditas, conservadas en la Biblioteca Passionei, fundada por un sobrino del cardenal en mi diócesis de Fossombrone, tierra natal de los Passionei, para aclarar si el cardenal se había adherido o no al jansenismo. Así que tuve que examinar el *Augustinus* de Jansenio y ver en qué medida había forzado él la doctrina de san Agustín sobre la concupiscencia y el pecado, y confrontar todo ello con el pensamiento de santo Tomás de Aquino y el Concilio de Trento. El rigorismo moral y el antijesuitismo conducen a muchos estudiosos de la primera mitad del siglo XVIII a encontrarse cerca de los escritos de la corriente jansenista, condenada por Clemente XI (papa Albani, amigo de la familia Passionei). La conclusión de mi trabajo me llevó a ser benevolente con la ortodoxia doctrinal del cardenal, pero quedé aún más convencido del equilibrio del pensamiento tomista, a pesar de la fascinación espiritual derivada de la lectura de Pascal y los escritos del Círculo de Port-Royal.

En cuanto al personalismo, cuando decidí examinarlo como criterio para evaluar cuestiones bioéticas, me di cuenta de que el término se usaba con diferentes significados por los existencialistas, por los seguidores de la filosofía hermenéutica, por el pensamiento liberal en general, y a menudo servía para indicar la centralidad de la libertad y la autonomía moral, mientras que yo había captado la necesidad y la claridad del *fundamento metafísico del ser*, que comprende todo el lapso existencial del individuo humano, para el cual asumí desde el principio la fórmula de "personalismo con fundamento ontológico", para distinguirlo entre los diversos tipos de personalismo. En este preciso punto, sin la pretensión de haber inventado un nuevo concepto, quise dejar en claro, como lo es también en la tradición tomista y neoescolástica, el valor de la persona *por lo que es* y no sólo por lo que desarrolla en sus actividades (concepción funcionalista). Me sentí en consonancia inmediata con la afirmación de Pablo VI en la encíclica *Populorum progressio* (23-03-1967), sobre el valor de "todo hombre y del hombre entero" (n. 14). Recuérdese que Pablo VI nombró a J. Maritain "experto laico" en las sesiones del Concilio Vaticano II.

M. Pérez: Es común en muchos autores que investigan temas de ética y de filosofía social y política que tengan al menos dos tradiciones, e incluso se reconocen como partícipes en dos momentos de su vida, en lo que respecta a la tradición. Mi pregunta sería: ¿su forma de pensar siempre ha sido lineal y constante, o podría en su lugar identificar un punto de inflexión en su vida, que provoca un cambio importante en su biografía intelectual?

E. Sgreccia: No creo que mi orientación cultural haya cambiado o dado "giros" intelectuales. Más bien, ha habido un doble desarrollo: ante todo, una profundización de la línea filosófica del enfoque aristotélico-tomista, al principio vinculado estrechamente con la teología; hacia el neotomismo y el personalismo transmitido por el neoescolasticismo o movimientos afines, tanto en Francia como en Canadá e Italia. Un neotomista no integrado en la neoescolástica fue el padre Cornelio Fabro, con quien tuve intercambios personales y a quien estudié más aún después de su muerte. Pero para mí fueron decisivas para esta profundización las orientaciones del Concilio y los personalistas contemporáneos, en particular Maritain, Gilson, Vanni Rovighi, Bontadini.

Otro impulso que estimuló mi reflexión fue la confrontación con la biomedicina y la tecnología, que demandan desde hace algunas décadas una reflexión filosófico-moral y que, en el caso de la bioética ofrecía no sólo la problemática, sino también el campo de aplicación. Maritain y Mounier habían pensado sobre todo en los problemas políticos y sociales; Gilson, en el "espíritu de la filosofía medieval", pero para la bioética era necesario tomar conciencia del amplio horizonte de las ciencias biomédicas impregnadas, por lo demás, de la biotecnología. Algunos filósofos (R. Dworkin, Peter Singer, T. Engelhardt y otros) encontraron en la biología y la sociología los componentes para construir una bioética sin la metafísica. Era necesario asignarle un rol a la ciencia biomédica, manteniendo a la persona en el centro como valor y como responsabilidad. Esto requirió una ampliación del personalismo y su potenciación; en tanto que, para la construcción de una bioética completa, era necesario dar cabida a una metodología interdisciplinaria.

He tratado de alcanzar este objetivo manteniendo el contacto con la metafísica de la persona (personalismo ontológico) y con el "método triangular" que mencionaré al responder a la siguiente pregunta.

Así que no hubo un "giro intelectual y filosófico", sino una profundización y ampliación, siempre desde el punto de vista de la primacía de la persona y su ontología. Obviamente, el horizonte ontológico dejaba también abierto el horizonte teológico, donde la razón y la fe no se oponen, sino que dialogan y se enriquecen.

M. Pérez: Examinando sus escritos, me sorprende el diálogo constante con la modernidad, sin sustentar jamás, por paradójico que parezca, las referencias bibliográficas que justifican este diálogo. Las escasas referencias a Kant serían un buen ejemplo. ¿A qué se atribuye esta singular paradoja?

E. Sgreccia: La tercera pregunta que me hace me ha dejado un poco perplejo, porque me parece que intenta evidenciar la falta o insuficiencia de una documentación sobre los mismos autores que confrontamos.

Si por "referencias bibliográficas" entendemos la mención del nombre y obras a las que nos queremos referir, francamente no creo haber sido insuficiente en relación con aquellos maestros del pensamiento moderno que directa o indirectamente han influido en el discurso y en las directrices de la bioética. De Kant he revisado 10 citas en el volumen I del *Manual*, 4 de Descartes, 21 de Hume, 3 de Bentham, 5 de S. Mill, 5 de Freud, y podría seguir sin contar que no he escrito sólo el volumen I de [*Manual de*] *bioética*, sino también el II y muchos otros libros y artículos. Si, por el contrario, se entiende que hubiera sido útil citar algunos pasajes de las obras referidas y no simplemente el pensamiento en discusión, entonces debo mencionar en mi defensa el hecho de que, para componer un manual, que ya resulta bastante voluminoso, no nos está permitido el lujo de incluir una especie de antología de textos comparados. Por lo demás, cuando realicé la primera edición, que data de 1986, e incluso para la segunda, todavía no existía el internet que facilitara la búsqueda de fuentes. La bibliografía, tanto al pie como en los márgenes de cada capítulo, siempre fue abundante.

M. Pérez: En su larga carrera académica se destaca por haber hecho una contribución desde el tomismo. ¿Cómo le gustaría ser recordado por la posteridad, en mérito a la tradición intelectual con referencia a su última contribución?

E. Sgreccia:[1] No estoy seguro de que la posteridad se llegue a preguntar por la cuestión del "tomismo" como lo he planteado yo, porque quisiera ser simplemente un buen seguidor de santo Tomás. Lo que señalo es que el *personalismo ontológico* no quiere restarle importancia a la *capacidad relacional de la persona*, porque la relación en la criatura *supone* el ser y es proporcionada a él. Tampoco creo que soy el único entre los estudiosos de la filosofía que ha subrayado el fundamento ontológico de la persona, y que toda persona debe ser valorada por lo que es y no principalmente por lo que hace y conoce. Paryson también habla de personalismo ontológico, aunque reduzca el ser de la persona a la libertad, mientras que para santo Tomás está también el intelecto y la corporeidad en el ser de la persona, dada la unidad sustancial entre cuerpo y alma espiritual, que él reafirma en el sujeto humano.

La fundamentación ontológica en el personalismo no es un asunto baladí, así como la distinción entre el ser y el operar no es trivial en la persona misma. Pero, repito, no creo ser el único en decir esto. El mismo Karol Wojtyła se adhirió al tomismo superando la fenomenología para ofrecer una definición exhaustiva de la persona.

Otro factor que me gustaría que recordaran quienes se dedican a la bioética es la *metodología* que se requiere para *construir juicios en el campo bioético*. Esta metodología se ha definido *triangular*, porque es el resultado de: *a)* el examen descriptivo de la *realidad biológica* o biomédica, sobre la base de las ciencias biomédicas, sobre las que *b)* la cuestión central debe situarse en quién es el sujeto agente

---

[1] El entrevistado responde lo relacionado con el "método triangular" que dijo lo haría en la siguiente pregunta.

y/o sobre qué se actúa (aspecto filosófico); finalmente, *c)* es necesario todavía preguntarse si la acción que se pone en acto (por ejemplo, el diagnóstico prenatal) es buena o no, con respecto a la persona o personas, que son el sujeto activo o receptivo de la intervención. La bioética no es simple ética, sino que tiene un campo sobre el cual se ejerce; tiene un sujeto o una pluralidad de sujetos que participan en la acción, y esta acción debe ser medida en orden a su fuente, formas y propósito, antes de que pueda definirse como lícita. La elaboración de este método, para ser propuesto y utilizado en el enfoque personalista, requirió de mi parte una reflexión no menor que aquella llevada a cabo sobre el valor de la persona.

M. Pérez: En su formación, seguro que habrá obtenido grandes aportaciones a su desarrollo intelectual. ¿Podría ayudarme a precisar cuáles son los principales autores que son parte de su formación intelectual?

E. Sgreccia: Creo que ya lo he dicho, cuando respondí a la primera pregunta, en la que cité a varios autores que me ofrecieron los elementos fundantes del abordaje filosófico de la bioética.

Tengo que agregar algunas personalidades y ocasiones que no sólo me estimularon intelectualmente, sino que también me brindaron un poco del coraje que necesitaba. Quiero recordar a Pablo VI, con quien tuve pocos intercambios personales, pero había seguido sus discursos y su Magisterio al frente del Concilio, con convencida adhesión. Igualmente, seguí, a partir de su nombramiento como sumo pontífice, a Juan Pablo II, cuyas obras filosóficas estuvieron pronto disponibles en traducción al italiano, gracias a las introducciones del profesor G. Reale y Tadeusz Styczeń (*Persona y acto, Metafísica de la persona*), obras valoradas por el profesor J. Seifert (*Ser y persona*, editorial Vita e Persona). El haber sido ordenado obispo por el mismo pontífice y haber colaborado en la Consejo Pontificio para la Familia y la Academia Pontificia para la Vida, fueron momentos que me dieron una oportunidad única de entender su alma y su pensamiento.

No puedo olvidar dos circunstancias que me asociaron a las actividades del Consejo de Europa, donde desde 1981 a 1984 fui enviado a nombre de la Santa Sede en diferentes momentos para colaborar. En la primera ocasión, me designaron para ser parte de un grupo de trabajo establecido por el Departamento de Investigación y Docencia del Consejo de Europa para la redacción y publicación de un volumen titulado *Le médecine face aux droits de l'homme* (*La medicina frente a los derechos humanos*), en la que participaron médicos forenses, deontólogos, profesores de derecho médico y especialistas en ética, incluso de diferentes religiones. El volumen se publicó en francés (alrededor de mil páginas) con un apéndice de documentación, y contó también con algunas traducciones.

La segunda ocasión fue más exigente: se trataba de seguir como "observador extraordinario de la Santa Sede" los trabajos del CAHBI, comité *ad hoc*, constituido por la Secretaría General del Consejo, para preparar las *Recomendaciones* en el tema de problemas éticos de la biomedicina, tarea que aún desempeña el Comité de Bioética del Consejo de Europa. Junto con los representantes (tres por cada uno de los 12 países entonces participantes y otros invitados de organismos internacionales) asistimos por algunas semanas para elaborar textos de carácter normativo sobre diversos temas, como el diagnóstico prenatal, las pruebas genéticas, la inseminación artificial y sus diversas implicaciones, etc. Al ser las discusiones de carácter plural, entre expertos altamente competentes (médicos, biólogos, filósofos, juristas), para mí fue como una escuela que, sin preverlo, me preparó para pasar a la docencia universitaria, que sucedió por una "asignación del cargo"[22] en el curso académico 1984/1985 y luego, tras el concurso estatal, como ordinario a partir de 1991.

---

[2] En el ámbito universitario, contrato por tiempo determinado para cubrir una cátedra carente de titular (N. del E.).

Esta oportunidad me sirvió en parte para compensar la falta de una preparación universitaria específica en bioética, que entonces no existía, al menos en Europa.

M. Pérez: De todas sus contribuciones intelectuales a la bioética, ¿cuál consideraría como la más destacada, la que conforma el núcleo de su trabajo intelectual?

E. Sgreccia: Creo que el *Manual de bioética* (publicado con el título de *Bioética: manual para médicos y biólogos*, en 1986, y posteriormente con el título *Manual de bioética,* vol. I Fundamentos y ética médica, vol. II Aspectos médico-sociales) fue el trabajo que para mí era el más necesario y urgente en ese momento, en que se me encomendó la tarea de enseñar y al mismo tiempo en el que pude expresar mi pensamiento más plenamente.

La edición de un solo volumen en 1986 no entró en la numeración de las siguientes cuatro ediciones, que tenían un título diferente y una distribución distinta de la materia.

En esta cuarta edición, en el primer volumen se colocaron al inicio algunos capítulos introductorios, en los que se exponen, después de una breve historia de sus orígenes, la base de la nueva disciplina y los principios fundamentales del personalismo ontológico, así como la metodología elegida, y siguen los capítulos que se refieren a los principales temas de la bioética en biomedicina, mientras que en el segundo volumen se tratan los temas, no menos importantes, de medicina social: psiquiatría, drogadicción, sida, entre otros.

Todas las ediciones (cinco, si se contara la de 1986, pero cuatro oficiales) fueron recibidas con una amplia difusión, a pesar de algunas críticas provenientes principalmente de la prensa "secular" y radical. Ha habido traducciones de ambos volúmenes en Francia, México, España, Brasil, Ucrania; de sólo el primer volumen en EUA, Portugal, Rusia, y en volumen único, más breve, en rumano, búlgaro y árabe. Se está preparando la publicación del primer volumen en Corea del Sur y en Japón.

En cuanto a la crítica, en el volumen de G. Fornero y M. Mori titulado *Laicos y católicos en bioética: historia y teorías de una confrontación* (Florencia, Le Lettere, 2012), mi trabajo ha sido catalogado como "paradigmático" del modelo católico, ante lo cual siempre he pedido que se especifique que este atributo no significa una renuncia o ausencia del fundamento racional, que, para ser tal, no excluye la apertura a la fe y la confrontación con el Magisterio. G. Fornero ya había calificado de coherente la visión católica presentada en mis volúmenes, en dos de sus obras: *Bioética católica y bioética laica* (Mondadori, 2009) y *Laicismo débil y laicismo fuerte. La contribución de la bioética al debate sobre la laicidad* (Mondadori, 2008). Una valoración más entusiasta se ofreció en el volumen editado por la Asociación Ciencia y Vida titulado *Vida, razón, diálogo. Escritos en honor a Elio Sgreccia* (Cantagalli). La Universidad Católica Argentina, donde trabajé para el establecimiento del Centro de Bioética, después de lo cual también obtuve el doctorado *honoris causa*, me dedicó un volumen con motivo de mi cumpleaños 80, titulado *Bioética y persona. Escuela de Elio Sgreccia*, editado por el padre Alberto Bochatey. Varias son las contribuciones de académicos latinoamericanos y europeos incluidos en este volumen (Educa).

También tengo que mencionar un volumen publicado en polaco, fruto de una tesis doctoral, del padre Jan Wolski, *Bioetyka w Perspektywie personalizmu: Studium w świetle myśli naukowej biskupa Elio Sgreccii* (Lodz, 2008) (*La bioética en la perspectiva del personalismo: Estudio a la luz del pensamiento científico de Mons. Elio Sgreccia*).

También recibí copia de dos tesis de licenciatura: una de F. Bernardo, *El personalismo ontológico. La aportación de Elio Sgreccia*, dirigida por el profesor A. Pessina, de la Universidad Católica del Sagrado Corazón, Interfacultad de Letras y Filosofía, de la licenciatura en Filosofía, año académico 2012-2013. Otra tesis fue asignada en la Universidad Ca' Foscari de Venecia, del Ordinario de Filosofía, por el profesor

Maurizio Turoldo al alumno graduando Matteo Montagner con el título *La contribución de Mons. Elio Sgreccia a la bioética*. Pero lo que más ha sido gratificante fue la traducción hecha por el Centro Nacional Católico de Bioética (The National Catholic Bioethics Center), dirigido por el profesor John Haas, en Filadelfia en 2012, con el título *Personalist Bioethics: Foundations and Applications. Elio Sgreccia* (*Bioética personalista: fundamentos y aplicaciones. Elio Sgreccia*), traducido por John A. Di Camillo y Michael J. Miller, que contiene la traducción del volumen I del *Manual*. Tengo entendido que la recepción de la obra, que se distingue, en cuanto a contenido, de la producción secular estadounidense, ha sido positiva.

M. Pérez: En relación con lo anterior, ¿cuál es el propósito de su trabajo? ¿A qué quiere dar respuesta? ¿En torno a qué problema intelectual se puedes decir que gira todo su trabajo? En cuanto a la importancia, ¿en qué lugar pondría en su obra "el problema de la dignidad de la persona"? ¿Podría ser acaso el núcleo de su trabajo?

E. Sgreccia: El propósito que he apreciado más y en el que puedo reconocer el aspecto de identidad de la configuración de todo el trabajo en el *Manual* y en las demás publicaciones, está constituido, como he dicho, por el *fundamento ontológico del concepto de persona*. Este fundamento permite al personalismo –precisamente porque está fundado ontológicamente– abarcar todo el ser de cada individuo: cuerpo y espíritu; permite evitar el subjetivismo de quienes reconocen a la persona sólo en el sujeto que es capaz de reflexionar, de ser autónomo y de decidir también lo que es lícito o ilícito. Además, la distinción entre el ser de la persona, sus capacidades y sus actos singulares permite a la persona perfeccionarse y mejorar, y reconocer en sí misma un diseño (el ser hombre) que es el fin mismo de la ética (¡sé hombre!). El fundamento ontológico implica la búsqueda del Creador y el concepto de la vida como don, y muchas otras consecuencias de apertura al infinito y hacia los otros. Este fundamento, sobre todo, cubre el espacio total de la vida del sujeto humano, desde la concepción hasta la muerte, porque la vida del individuo y su valor están ligados al *existir* como hombre.

Una segunda connotación propia de esta configuración, ligada a lo anterior, se refiere al método interdisciplinario propio de la bioética, su epistemología.

He resumido este punto, que ya mencioné antes respecto al "método triangular", según el cual, para llegar legítimamente a la enunciación de un juicio ético sobre un problema biomédico, es necesario partir de la descripción y comprensión del hecho biológico, según los criterios propios de las disciplinas biomédicas (siempre abiertas a su verificación); posteriormente, es necesario comparar el hecho biomédico descrito (p. ej., la inseminación artificial humana) con la persona (su ser y su valor), a veces con implicaciones en más personas, y finalmente, llevar a cabo la reflexión sobre el aspecto ético y aplicativo. Se debe evitar el corto circuito, muy frecuente en el juicio de la opinión ocasional, por el que pasamos del hecho al juicio ético sin la mediación antropológica. Sobre este punto también A. Pessina ha escrito una valoración: "Personalismo e ricerca in bioetica. Note sulle linee teoriche prospettate dal *Manuale* di Sgreccia, en *Medicina e Morale*, 3 (1997): 443-459 ("Personalismo e investigación en bioética. Apuntes sobre las líneas teóricas propuestas por el *Manual* de Sgreccia).

La primera meta que me propuse cuando recibí el encargo de dedicarme a la bioética, y también se me presentó la necesidad de escribir un manual que llevara la enseñanza a nombre de la universidad en que enseñaba, fue aclarar precisamente esto en la parte introductoria: ¿cómo se fundamenta el juicio en la bioética? ¿Y cuál es el camino para llegar allí? Después de una revisión de los diversos sistemas o modelos que, de hecho, se proponían (principialismo, utilitarismo, subjetivismo, sociologismo, contractualismo, etc.) llegué a la conclusión de que había que afirmar la primacía de la persona, entendida sobre todo en su "ser" (el hombre en cada hombre). Así, propuse el personalismo ontológico y el método consecuente para su construcción. Este doble problema: fundacional y epistemológico, se consideró prioritario y calificativo para todos los problemas individuales a abordar, en términos de investigación. Posteriormente, enuncié algunos principios de aplicación (el valor de la vida física, el principio terapéutico, el principio de libertad-responsabilidad, el principio de sociabilidad-subsidiariedad). Pero la parte decisiva fue para mí –y creo que sigue siendo– el fundamento del juicio sobre la ontología de la persona humana.

El problema de la *dignidad de la persona* es implícito y consecuente. Lo que ha llevado a esta noción, *la dignidad*, al plano explícito, ha sido el documento de la Congregación para la Doctrina de la Fe titulado *Instrucción Dignitas Personae*, sobre algunos temas de bioética, cuya fase preparatoria le fue encomendada –como se dice en el mismo documento– a la Academia Pontificia para la Vida, de la que yo era entonces presidente. Esta Instrucción pretendía actualizar, después de 20 años, la anterior Instrucción *Donum Vitae*, de la misma Congregación. La *Dignitas Personae* se publicó el 20 de junio de 2008. La cuarta edición del *Manual* había sido publicada en 2007, por lo que será la quinta edición la que proporcionará el desarrollo merecido a la noción de dignidad una expresión más adecuada; también por la consonancia con los documentos en preparación para la Constitución Europea.

Sin embargo, en los comentarios que aparecieron inmediatamente después de la publicación de la Instrucción *Dignitas Personae* se advirtió la necesidad de explicar que la palabra *dignidad* pueden tener un significado diferente, según se piense en *dignidad ontológica* o *dignidad adquirida* o simplemente *atribuida*. Se puede consultar, al respecto, una obra de filosofía de la medicina de J. Seifert, *The Philosophical Diseases of Medicine and their Cure* (Países Bajos, Springer, AH Dordrecht 2004, pp. 89-132).

M. Pérez: ¿Qué problema diría Ud. que es central en la filosofía moral de nuestros días? ¿Qué impacto tienen estos problemas en la morfología de la bioética?

E. Sgreccia: El problema que se presenta con más frecuencia, producto de la modernidad y de la secularización, así como de la ausencia de la metafísica, es el de la autonomía del acto moral y de la decisión sobre la vida propia y ajena. El radicalismo, por un lado, las opciones libertarias en el tema de la sexualidad y también en el campo médico en la relación médico-paciente, la pérdida del sentido de la verdad y de las posibilidades del hombre para alcanzarla, dejan el campo abierto a los intereses más contradictorios y socavan los fundamentos de la ética y el derecho. Por esto, pienso que es de fundamental importancia la reflexión en los campos metafísico y religioso.

M. Pérez: Como todos sabemos, la bioética se compone de diferentes corrientes. ¿Con cuál de ellas se identifica? En caso de identificarse con alguna, ¿cuál sería la razón de tal identificación?

E. Sgreccia: Me parece claro que me encuentro clasificado dentro de la corriente del "personalismo ontológico", y creo ya haber mencionado las razones: en la visión realista del mundo, la persona humana es *quod est perfectissimum in rerum natura* (*aquello que es más perfecto en la naturaleza*) (santo Tomás); y en el hombre, la raíz de su dignidad está en su "ser" cuerpo y espíritu en unidad.

M. Pérez: La bioética está muy influida por ciertas corrientes políticas, de manera que a veces se percibe una tendencia ideológica que prevalece y dirige el curso de la bioética. ¿A qué corriente política teme más, considerando que estamos en una época en la que asistimos a la expansión del radicalismo ideológico?

E. SGRECCIA**:** Considero que la política es el terreno más volátil y cambiante de Europa, porque la posmodernidad sólo deja espacio a los intereses fuertes e ideologías extremas.

Creo que cada estudioso debe dedicarse a restablecer tanto la ética como la política, a través de una antropología filosófica, ontológicamente fundada, y también pidiendo a la escuela que retome sus deberes educativos y humanísticos, junto a la exposición de los avances técnicos y científicos.

Ciudad del Vaticano, 25 de junio de 2014

Este libro se imprimió en la Ciudad de México,
el 6 de agosto, fiesta de la Transfiguración del Señor,
en Litográfica Ingramex, S. A. de C. V.
Centeno 162-1, Granjas Esmeralda, Iztapalapa,
C. P. 09810, Ciudad de México, México